ROSINA SONNENSCHMIDT

KREATIVITÄT NACH NOTEN

Rosina Sonnenschmidt

Kreativität nach Noten

Ideen für den professionellen Musikunterricht

VAK Verlags GmbH
Kirchzarten bei Freiburg

Hinweis des Verlags
Die in diesem Buch vorgestellten Selbsthilfeübungen dienen dem Ziel, das Lernen zu fördern und das ganzheitliche Musikerleben zu erleichtern. Sie haben sich als sicher und effektiv bewährt. Wer sie anwendet, tut dies in eigener Verantwortung. Die Autorin und der Verlag beabsichtigen nicht, Diagnosen zu stellen oder Therapieempfehlungen zu geben. Die hier beschriebenen Verfahren sind nicht als Ersatz für professionelle Hilfe bei ernsten Problemen zu verstehen.

Die Deutsche Bibliothek – CIP-Einheitsaufnahme

Sonnenschmidt, Rosina:
Kreativität nach Noten : Ideen für den professionellen Musikunterricht / Rosina Sonnenschmidt. – Kirchzarten bei Freiburg : VAK, 1998
ISBN 3-932098-35-8

Abbildungen: Agnes Feckl
Lektorat: Norbert Gehlen
Umschlag: Hugo Waschkowski, Freiburg
Druck: Clausen & Bosse, Leck
Printed in Germany
ISBN 3-932098-35-8

Inhalt

Einführung

Dieses Buch ist für Musikpädagogen gedacht, seien sie nun Schulmusiker, Jugendmusikschullehrer oder Hochschullehrer. Es soll motivieren, die eigene Arbeit zu schätzen und zu lieben, und es soll helfen, Frustrationen zu überwinden, die heute mit dem Gruppen- und Einzelunterricht in Musik ohne Zweifel verbunden sind. Ich habe sowohl die Problematik als auch meine Lösungsvorschläge aus zwei Gründen humorvoll aufbereitet: Erstens sind Musikpädagogen als Musiker – soweit sie Vertreter der ernsten Musik sind – erfahrungsgemäß selbst auch eher ernst. Nichts gegen Ernsthaftigkeit! Doch wir neigen dazu – als Musikerin schließe ich mich selbst hier ein –, die andere Seite, die fröhliche, gelassene, heitere, humorvolle, zu vernachlässigen. Zweitens tragen Musikpädagogen, ob bewußt oder unbewußt, die Verantwortung für den Fortbestand unserer Musikkultur. Ich habe eine hohe Achtung vor Musikern, die einen Teil ihrer Zeit – wenn nicht sogar den größten – dazu verwenden, Kinder, Jugendliche und Erwachsene zu unterrichten. Sie versuchen Ideale, Werte und bewährte musikalische Traditionen wie Musikrepertoire und Konzertleben zu pflegen und zu erhalten und deren Wertschätzung den Schülern und Studenten zu vermitteln. Dieser Versuch ist oft mühsam und mündet bisweilen in Resignation. Hier mögen die Ideen dieses Buches wieder das Kind im Erwachsenen wecken und ihn dazu ermuntern, mehr spielerisch und kreativ mit dem theoretischen und pädagogischen Überbau unserer Musikkultur umzugehen.

Meine Fragestellung ist seit Beginn meiner Musikerlaufbahn (und erst recht seit Harald Knauss und ich die Musik-Kinesiologie entwickelten und lehren): *Wie* kann man das vermitteln, was zum

Musizieren notwendig ist, aber so trocken, „langweilig" und unattraktiv, daß die Schüler erst einmal keine Lust haben, es zu lernen? Kinder und Jugendliche *müssen* in unserer westlichen Kunstmusik tatsächlich Noten lernen, *müssen* üben, Repertoirekenntnisse erwerben und den Aufbau einer Sonate begreifen, damit sie über die ersten drei Zeilen eines Musikstücks hinausgelangen. Aber wie? Die Musikpädagogik hat meiner Erfahrung nach einerseits eine Überbetonung des analytischen Denkens angenommen und sich andererseits zu sehr den sportlichen Disziplinen angenähert: Höher, schneller, besser! Darunter leiden viele andersdenkende Musikpädagogen, weil sie spüren, daß im Unterricht etwas fehlt, daß das ganzheitliche Lernen eines Instruments ebenso zu kurz kommt wie das ganzheitliche Erleben von Musik.

Dieses Buch bietet Ideen und Vorschläge dazu an, wie man diese Mitte bei sich selbst finden und Musikunterricht ganzheitlich erleben und gestalten kann. Wie schon angedeutet, habe ich an der Entwicklung der Musik-Kinesiologie mitgewirkt, die als Ausbildungssystem für Musiker und Musikpädagogen gedacht ist und sich intensiv mit Möglichkeiten des ausgeglichenen und ausgleichenden Umgangs mit den Streßfaktoren in diesem Beruf befaßt. Für professionelle Streßlösungsverfahren benötigt man das kinesiologische Handwerkszeug des Muskeltestens. In meinen Seminaren halten besonders Musikpädagogen mir das Argument entgegen, man könne oder dürfe im Musikunterricht den Muskeltest nicht anwenden. Da für mich der streßfreie Umgang mit Musikunterricht und Musizieren keineswegs vom Muskeltest abhängt, vermittle ich in diesem Buch nur Übungen, die jeder Musikpädagoge ohne Spezialausbildung durchführen kann und die keine Testverfahren benötigen.

Im folgenden werde ich zunächst kurz auf das schauen, was *nicht* im Lot, was disharmonisch und unerfreulich ist, und dann ausführlich die kreativen Möglichkeiten darstellen, die Ihnen dabei helfen können, wieder in die Mitte, ins Lot zu kommen und wieder mehr Freude am Leben und am Musikerberuf zu entfalten.

Die Situation, ungeschminkt betrachtet

☹ Von Musikpädagogen wird erwartet, daß sie Bühnenerfahrung haben und exzellent unterrichten, daß sie die Schüler begeistern und daß sie stillhalten, wenn Kürzungen ihres Gehalts oder Honorars vorgenommen werden.

☹ Von Musikpädagogen wird erwartet, daß sie kein elitäres Bewußtsein wecken und sich für den schwächsten Schüler genauso intensiv einsetzen wie für den begabtesten.

☹ Von Musikpädagogen wird erwartet, daß sie den Grundstein für die Karriere musikbegabter Kinder legen, Wettbewerbe vorbereiten und im Rahmen von „Jugend musiziert" durchführen.

☹ In der Jugendmusikschule sollen die Schüler Freude an der Musik gewinnen und liebevoll in die „Grammatik" der Musik (Notenlesen etc.) eingewiesen werden; sie sollen lernen, daß Musik etwas mit Üben (= Disziplin) zu tun hat und daß der musikalische Rhythmus etwas mit Lebensrhythmen und mit der Feinmotorik des ganzen Körpers gemein hat.

☹ Schon die jungen Musikschüler, erst recht aber die fortgeschrittenen Schüler und Musikstudenten sollen Spaß am Vorspielen haben und dem Publikum zeigen, was sie können. Darum werden Vorspielabende und Musikwettbewerbe im großen und im kleinen Stil angeboten. Doch das „Vorspiel" ist einer der größten Streßfaktoren, der weder mit Willenskraft noch mit freundlichen Worten aufzulösen ist.

☹ Gerade in der Jugendmusikschule trifft das hohe Ideal der Musikförderung mit häufigen Problemen von Kindern und Jugendlichen zusammen: Konzentrationsschwäche, mangelnde Körper-Geist-Integration, starke Homolateralität (wörtlich: Gleichseitigkeit; meint hier die geringe oder fehlende Fähigkeit zu

Überkreuzbewegungen), Streßanfälligkeit, Nervosität, Legasthenie.

☹ An der Musikhochschule zerfällt das Musikstudium in viele Einzelfächer und Einzellehrer. Es gibt keine Vernetzung; das Studium ist eher additiv, analytisch, aufgesplittert, jedenfalls nicht ganzheitlich orientiert; es spricht überwiegend die *linke* Gehirnhälfte an.

☹ Musikstudenten werden auf Leistung getrimmt, aber nicht ganzheitlich auf die Bühne vorbereitet. Es wird ein Solisten- und Ellenbogenbewußtsein gefördert, aber kein Ensemblebewußtsein.

☹ Hochschullehrer werden an erster Stelle wegen ihres künstlerischen Renommees engagiert, nicht wegen der pädagogischen Fähigkeit, den Menschen im Künstler zu bilden. So kann ein Musiker unschwer mehrere Professuren annehmen.

☹ Viele Hochschullehrer „vererben" ihre eigenen Probleme wie Lampenfieber, Perfektionszwang und Angst vor Versagen an ihre Studenten weiter. Streßbewältigung wird als Privatsache angesehen. Daraus folgt:

☹ Der Umgang mit Betablockern, Psychopharmaka, Alkohol oder anderen Stimulantien wird für viele Musiker schon im Studium zur Selbstverständlichkeit, ehe sie überhaupt die Chance haben, etwas über Bühnenenergetik zu erfahren, das heißt über die Dynamik der Energien, die zwischen den Künstlern auf der Bühne und dem Publikum wirksam werden.

☹ Die in vielen Musikhochschulen angebotenen Kurse über Autogenes Training, Yoga, Feldenkrais oder Musik-Kinesiologie werden als freiwilliges Anhängsel an das Fächerstudium angesehen. Leistungsdenken und Perfektionismus rangieren eindeutig vor kreativer Streßbewältigung.

Meine Schlußfolgerung:

☹ Diese unbefriedigende Situation muß und kann geändert werden!

☺ Also packen wir's an!

☺ Es gibt kreative Möglichkeiten, die Frustration und damit auch den Streß im Musiklehrerberuf in positive Energiepotentiale zu verwandeln. Einige davon möchte ich im folgenden vorstellen. Ich habe das Büchlein so aufgebaut, daß zunächst die Pädagogen selbst im Zentrum der Betrachtung stehen und dann die kleinen und großen Schüler. Übungen, die zum Teil schon in unserem Buch *Musik-Kinesiologie* erwähnt werden, aber auch viele neue Übungen dienen dazu, den Musikunterricht farbig zu gestalten und sowohl Musikpädagogen wie Schüler zu motivieren. Weniger Routine, dafür mehr Abenteuerlust und mutiges Überschreiten von Grenzen beim Üben und Vorspielen sollen auf dem Programm stehen.

☺ Mein Fokus richtet sich auf die positiven Potentiale des Musikpädagogen, da ich höchste Achtung vor seiner Leistung habe, im Kind bereits das Künstlerische zu wecken. Um im Bild zu bleiben: Ich bevorzuge keinen schrillen Wecker, kein Marktgeschrei der steilen Karrieren, sondern sanfte Wecker, die Pädagogen wie Schülern und Studenten erlauben, immer ihrer momentanen Lebenssituation adäquat zu wachsen.

☺ Selbstverständlich gehört zum Wachsen die innere und äußere Herausforderung. Um Grenzen zu überschreiten, braucht man Mut und Willenskraft, aber auch ein taugliches Rüstzeug. Und darum geht es in diesem Buch.

Kapitel 1

Positive Lebensenergie gewinnen

Über „positives Denken“ sind schon viele Bücher geschrieben worden, und dennoch überwiegt das negative Denken in dem Maße, wie wir noch mehr materiellen Wohlstand ansammeln. Wer Länder der dritten Welt bereist oder, wie ich, in indischen Slums gearbeitet und geforscht hat, steht ratlos vor der Tatsache, daß einem dort viel mehr lachende Menschen und positives Denken begegnen. Muß man tatsächlich erst durch das Nadelöhr des Fatalismus gehen, um wieder eins mit seinem Alltag zu sein? Muß man erst arm an Materiellem sein, um wieder reich an Lebenskraft zu werden?

Wäre das so, dann müßten bei uns alle Jugendmusikschullehrer ein Ausbund an positiver Lebensenergie sein, denn sie sind wahrhaftig nicht reich, manchmal gerade oberhalb der Armutsgrenze, was ihre Gehälter angeht.

Ich möchte dazu eine kleine Begebenheit erzählen: Meine Forschungsarbeit brachte mich mit den Parias, den „unberührbaren“, kastenlosen Außenseitern, im Raum Benares zusammen. Die Parias sind eine millionenstarke Bevölkerungsgruppe und haben innerhalb ihrer Schicht auch wiederum eine Art Kastensystem ausgebildet, denn selbst der Ärmste will nicht der Letzte in der Hierarchie sein und sucht und findet deshalb immer noch jemanden, der unter ihm steht. Am unteren Ende der Leiter schließlich stehen die streunenden Hunde, die man mit Fußtritten verjagt. Da meine Art der Forschung immer schon zum weit überwiegenden Teil darin bestand, still zu beobachten, saß ich allabendlich vor meiner baufälligen Hütte am Gangesstrand und wartete auf die

Paria-Bettler, die aus Benares und Umgebung von ihrer Tagestour zurückkehrten. Es war längst dunkel, ab 18 Uhr brach dort die kurze Dämmerung herein, und nur ein kleines Feuer aus Kuhdung und ein unbeschreiblicher Sternenhimmel samt strahlendem Mond beleuchteten die Szene, die ich Abend für Abend erlebte: Geisterhafte, ausgemergelte Gestalten fanden sich bei dem Feuer ein. Die erbettelten Gaben – meist eine Handvoll gekochter Reis, ein paar Cillischoten oder ein Stück Kürbis – wurden andächtig auf den Sandboden gelegt. Dann gingen die aus alten und jungen Menschen bestehenden Gruppen zum Ganges und wuschen sich gründlich am Ufer. Dabei klang lautes Gelächter der im Wasser tobenden Kinder und Gebetsgemurmel der Erwachsenen herüber. Mittlerweile war es 21 Uhr. Die Parias kehrten zurück, und eine Frau briet das Gemüse und die Cillischoten kurz an. Als alles zubereitet bzw. erwärmt war, begannen diese Menschen zu singen und zu tanzen. Sie sangen Bhajans, religiöse Tanzlieder, deren Texte von spirituellen Meistern wie Kabir und Mirabai (16. Jh.) stammten. Manchmal war unter ihnen ein Musiker mit einer selbstgebastelten Trommel, der ungemein virtuos den Gesang begleitete. Dieses musikalische Vorspiel zum Essen vertrieb alle Gier. Ich konnte jeden Abend deutlich sehen, wie durch die Musik die Lebensgeister in die dürren Bettlergestalten zurückkehrten und wie anschließend bei dem andächtigen Mahl alle etwas zu essen bekamen. Betrachtete ich die Nahrungsmenge *vor* dem Musizieren, so schien mir das Häuflein Reis mit etwas Soße und ein paar Cillis höchstens ausreichend für *einen* ausgewachsenen Menschen. *Nach* dem Musizieren reichte die Menge aber für acht bis zehn Menschen! Das machte mich nachdenklich – und sehr glücklich, denn diese Parias zeigten mir Abend für Abend auf sehr schlichte Weise den Schlüssel zum Verständnis positiver Energetik: Schaffe kurzfristig einen Abstand zum Materiellen, erhöhe deine Schwingung, und genieße erst dann das Materielle.

Daraus entwickelt sich in der Tat positives Denken. Bei uns westlichen Menschen sind nicht das Wohlgenährtsein, der Reichtum oder der Besitz selbst das Problem, sondern die zu große Nähe dazu, das Anhaften daran. Während die Parias *notgedrungen* einen Abstand schaffen müssen, um mehr hungrige Mäuler versorgen zu können, als eigentlich mit der vorhandenen Nahrungsmenge versorgt werden können, müssen wir in unserer Wohlstandsgesellschaft *willentlich* einen Abstand schaffen. Damit möchte ich aber keineswegs den Gedanken untermauern, der in diesem Zusammenhang in der Esoterikszene oft vertreten wird, nämlich die negative Sicht unseres Wohlstandes. Dieser Wohlstand fiel nicht vom Himmel, sondern unser westliches, agiles, strukturiertes Bewußtsein hat ihn erschaffen. Gerade weil ich in einer alten Kultur wie Indien geforscht habe und monatelang das alltägliche Leben erleben konnte, bin ich keineswegs begeistert von der einfachen Formel: Die westliche Habgier hat den desolaten Zustand der Kolonien verursacht. Zu einem solchen Zustand gehören immer zwei Parteien: eine, die es tut, und eine, die es mit sich geschehen läßt. Indien hat genügend Nahrung für alle, genügend reiche Leute, um den gesamten Subkontinent zu ernähren, genügend Ideenreichtum und Intelligenz, um sich aus Korruption, Verfilzung und Armut zu befreien. Das geschieht aber nicht. Es ist einfacher, die westlichen Länder ob ihres Reichtums anzuklagen.

Die Parias waren tatsächlich meine Lehrmeister im tieferen Verständnis der Tatsache, daß Musik nicht primär Unterhaltung und Ablenkung ist, sondern reinster Ausdruck von Lebensqualität, daß Musik am leichtesten den Abstand zur Materie schafft, weil sie die flüchtigste Kunst ist, und daß in dem vorübergehenden Loslassen der Materie ein übergeordneter Aussichtspunkt geschaffen wird, der die Dinge des Lebens an ihren adäquaten Platz „fallen" läßt.

Wenn aber das Musizieren streßbesetzt ist, wenn Musik nicht ein selbstverständlicher Ausdruck von Lebensqualität ist, dann ist es nicht so einfach, den Abstand zum materiellen Leben zu gewinnen. Wir müssen erst wieder Zugang zu einer positiven Lebenseinstellung finden und mehr positive Gedanken zulassen. Deshalb beginnen wir nicht gleich mit Musik, sondern mit einer Grundübung.

Übung 1: Der Alltagskreis

Kopieren (vergrößern) Sie sich den „Alltagskreis“ mehrmals, damit Sie genügend Vorlagen haben.

a) Nehmen Sie sich einmal Zeit, diesen Alltagskreis wie folgt auszufüllen. Schreiben Sie zuerst auf ein separates Blatt alle Dinge, die Ihnen in Ihrem Alltag wichtig sind, die zu Ihrem Leben gehören. Seien Sie ehrlich zu sich selbst – Sie zeigen ja niemandem Ihre Liste und den Kreis! Werten Sie nicht, sondern schreiben Sie spontan auf, was Ihnen einfällt. Dann tragen Sie jedes Detail als Segment in den Kreis ein. Wenn alle Dinge untergebracht sind, haben Sie eine Art kreisförmige Alltagsübersicht, in der es große, kleine und winzige Segmente gibt. Legen Sie, ohne auch nur den Gedanken an Wertung zuzulassen, diesen Kreis für zwei Tage beiseite. Erlauben Sie sich einen Spaziergang durch die Natur, den Besuch eines Spielplatzes mit Ihren Kindern oder eine Verschönerung Ihres Gartens – was auch immer. Gehen Sie hinaus in die Natur. In diesen zwei Tagen arbeitet Ihr Unterbewußtsein auf Hochtouren, es kommen viele Energieschichten in Bewegung, die sich neu sortieren. Das Unterbewußtsein ist eine geniale Einrichtung der menschlichen Natur. Wir können uns auf diesen Meister der Energieverteilung ruhig verlassen.

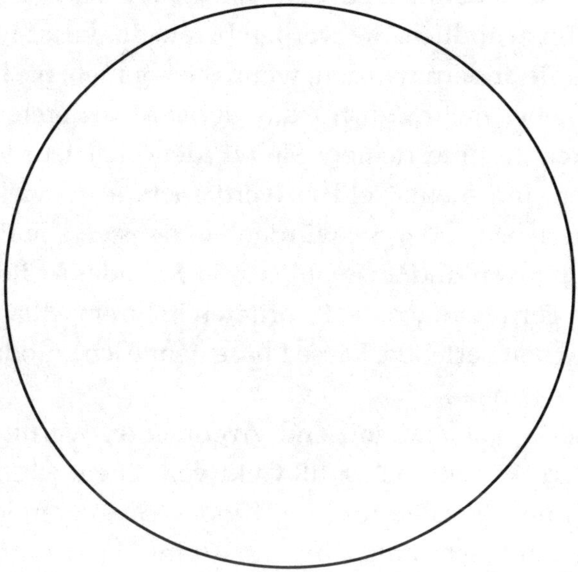

Abbildung: Alltagskreis

Nach zwei Tagen nehmen Sie den Alltagskreis wieder hervor und studieren ihn gründlich. Sie werden bereits in dieser Phase Ideen haben, was Sie ändern würden, wenn Sie könnten: Sie hätten vielleicht viel lieber mehr Zeit für das *eigene* Musizieren, als täglich acht Stunden zu unterrichten. Sie würden vielleicht lieber mehr unterrichten, um mehr Geld zu verdienen, als soviel zeitlichen Leerlauf zu haben. Oder Sie würden am liebsten alle Pflichten an den Nagel hängen und auswandern, in Kanadas Wälder ... Oder Sie würden gerne einfach die Prioritäten in Ihrem Alltag neu überdenken und neu verteilen. Diese Phase nenne ich „modale Phase“: Ich würde, wenn ...

Wir finden spielend tausend Argumente, warum wir aber nichts ändern können: Ich muß Geld verdienen, ich muß unterrichten, ich muß kochen und die Kinder versorgen, ich brauche ein Auto, Urlaub, ich muß, ich muß, ich muß! Die Idee, Sie könnten etwas an diesen Pflichten ändern, erscheint Ihnen nur realisierbar, wenn Sie mit ihnen brechen. Das ist das streßhafte Entweder-oder-Denken. Sie wissen sehr genau, daß an diesem Denken mit dem bloßen Willen nichts zu ändern ist. Sie haben wie jeder andere Streßbesitzer das Muster produziert, daß man an Tatsachen nichts ändern kann. So haben wir uns die Illusion der Unentbehrlichkeit ebenso erschaffen wie die des Eindrucks, keine Wahl zu haben. Und schon haben wir ein Musterbeispiel *westlichen* fatalistischen Denkens produziert, was wir gerne in der dritten Welt sähen.

b) Nun folgt die Phase, die ich die „Phantasiephase“ nenne und die Sie am besten einleiten durch ein Glas besten Champagners oder sonst etwas, das Sie aufs beste stimuliert, die Zügel einmal etwas lockerer zu lassen, damit Ihre Phantasie Flügel bekommt. Nehmen Sie nun ein neues Blatt mit einem leeren Alltagskreis. Tragen Sie einfach mal spontan ein, wie Ihr Alltag aussähe ohne die leidigen Pflichten, Zwänge und Muß-Einheiten. Werten Sie nicht, seien Sie wieder ganz ehrlich zu sich selbst, Sie müssen das Blatt ja niemandem zeigen. Nachdem Sie den Alltagskreis großzügig ausgefüllt haben, trinken Sie noch ein Glas Champagner, damit Ihnen nicht in den Sinn kommt, den Kreisinhalt zu verwerfen. Setzen Sie sich gemütlich in einen Sessel und lassen Sie Ihre schöpferische Tat nachwirken. Lassen Sie alle Gefühle der Erhabenheit zu, der Zufriedenheit damit, daß Sie die schnöde Alltagswelt mit Pflichten und Müssen einfach ausgelöscht haben, und ergehen Sie sich ausgiebig darin, sich heldenhaft, großartig und stolz zu fühlen. Sie haben tatsächlich etwas Großartiges geleistet, wenn Sie diese Phantasiephase weidlich nutzen. Sie haben nämlich kreativ einen Abstand zu aller materiellen Verhaftung erschaffen. Je länger Sie diese Phase zulassen, die bei vielen Musikpädagogen zu Beginn spärlich ist, mit dem Verschleiß etlicher Alltagskreise aber wächst, um so höher wird Ihr Betrachtungspunkt. Ich könnte alleine über die „Produkte" dieser Phantasiephase einen Science-fiction-Roman schreiben, so überaus kreativ können vormals frustrierte Musiklehrer sein!

Lassen Sie Ihren zweiten Alltagskreis wieder zwei Tage ruhen. Gehen Sie in die Natur hinaus und kümmern Sie sich nicht mehr um den Inhalt des Kreises. Wieder arbeitet Ihr Unterbewußtsein auf Hochtouren und sortiert auf geheimnisvolle Weise, was zu Ihrem Nutzen verarbeitet werden kann und was nicht.

c) Es folgt die Phase, die ich „Integrationsphase" nenne, weil nun eine Balance geschaffen wird zwischen der Phantasie und der „alten" Realität, die auf dem ersten Blatt stand. Gönnen Sie sich einen dritten leeren Kreis, und füllen Sie ihn in dem Bewußtsein aus, das für Sie richtige Maß zwischen den (einstweilen noch) unumgänglichen Dingen und den neuen Ideen, die scheinbar aus dem Reich der Phantasie stammen, zu finden. Eigentlich tun Sie jetzt nichts anderes, als die balancierten Energien, die das Unterbewußtsein bereits für Sie gewählt hat, ins Oberflächenbewußtsein zuzulassen.

Es ist völlig normal, daß Sie hierbei noch ein Gefühl der Unsicherheit beschleicht. Aber trauen Sie sich selbst und erleben Sie anschließend, wie sich Ihr Verhältnis zu den „Pflichten“ verändert hat, welchen Bedürfnissen Sie Raum geben, was weggefallen ist, welche neuen Wertigkeiten entstanden sind. Es fühlt sich alles noch etwas ungewohnt an, manches harrt auch noch der Erprobung im Alltag. Doch der wichtigste Schritt ist getan: Sie haben ohne Grübeleien, Selbstkasteiung, Vorwürfe und Frustration eine höhere Warte zum Betrachten Ihres Alltags erreicht und damit einen gesunden Abstand zum Tal des Müssens. Zum Müssen ist nun das Dürfen hinzugekommen.

Sie ahnen nicht, was für Möglichkeiten in diesem dritten Alltagskreis stecken, denn es handelt sich mitnichten um betonierte Arbeitssegmente, sondern um energetische Impulse. Sie sehen auch, daß die Verteilung oder Gewichtung der feststehenden und flexiblen Bestandteile eine andere Dynamik gewonnen hat als beim ersten Kreis.

*

Wenn Sie sich von dem Staunen darüber erholt haben, daß drei Kreise etwas so Bedeutendes wie eine Veränderung Ihrer Lebensauffassung bewirken können, und wenn Sie bereits merken, daß die kreativen, phantasievollen Anteile Ihres Alltags allmählich wachsen, dann können Sie den nächsten Übungsschritt vollziehen, das eigentliche Denken. Man sollte meinen, das Denken vollziehe sich automatisch und man könne nicht beeinflußt werden. Vielleicht haben Sie auch schon einmal den Ausspruch gehört: Der Mensch ist, was er denkt. Das soll sagen, daß ein Mensch eine mentale Ausstrahlung hat, je nachdem, welche Art von Gedanken ihn am meisten bewegen. Damit sind nicht die alltäglichen Denkvorgänge gemeint, sondern Ausdrucksformen seines Bewußtseins. Die mentalen Botschaften, die ein Mensch nach außen sendet, manifestieren sich in seiner psychischen Befindlichkeit und sogar in seiner physischen Erscheinung wie zum Beispiel in Körperhaltung, Gang und Gesichtsausdruck. Auf einen einfachen Nenner gebracht heißt das: Gedanken sind mentale Qualitäten, die unserem Bewußtsein entspringen. Das Bewußtsein ist eine übergeordnete Instanz, die man nicht so schnell verändern kann. Wir fangen dort an, wo es uns leichtfällt, unsere mentalen Qualitäten einmal näher zu betrachten: im Alltag.

Übung 2: Vom Müssen zum Dürfen

Beginnen Sie damit, daß Sie einmal beobachten, wie oft Sie an einem Tag sagen: „Ich muß ..., man sollte ..., du sollst ..." Wenn Sie genügend Humor haben, rate ich Ihnen, mit dieser Spurensuche im Januar zu beginnen und jede Äußerung mit 10 Pfennigen zu begleichen, die Sie in die Urlaubssparbüchse stecken. Ich versichere Ihnen, Sie werden bis zum Sommer das Geld für eine Weltreise zusammen haben. Es ist unglaublich, wie selbstverständlich wir alles „müssen" und „sollen", wie selbstverständlich wir uns pausenlos einengen und anschließend über zu wenig Freiheit klagen.

Falls Sie keine Weltreise unternehmen wollen, empfehle ich Ihnen, einfach mal einen einzigen Tag lang jedes „Ich muß, müßte, sollte" usw. zu ersetzen durch „Ich darf", „Ich will" oder einfach „Ich tue". Wenn Sie bis jetzt noch keinen Grund sahen zu lachen, werden Sie es jetzt tun. Sie haben sich bis dato sicher noch nie sagen hören: „Ich darf jetzt aufstehen, ich unterrichte einfach, ich darf üben, ich erlaube mir, den Haushalt zu machen, ich schreibe am Computer, ich darf mich hinlegen und ein Nickerchen machen" usw.

Sie haben im Laufe dieses Tages aber vielleicht doch 80 Pfennige opfern müssen, weil Ihnen ein „man kann doch nicht" entschlüpfte oder andere Alternativen zum „muß". Sie erleben bei dieser Übung, wie anders das Gefühl ist, ob Sie sagen:

„Oje, jetzt kommt schon wieder der unbegabte Trompetenschüler. Ich muß ihn halt unterrichten!", oder ob Sie sagen:

„Jetzt kommt Paulchen; ich darf ihn unterrichten."

Entweder Sie erkennen plötzlich den Wert Ihres Tuns, und es ergeht Ihnen wie einer Geigenlehrerin, die mit einem Mal bemerkte, daß „Paulchen" gar nicht so unbegabt war und daß nur die eigene Unlust den Blick dafür verschleierte, kurz: Sie sagen ja zu diesem Schüler, und zwar mit ganzem Herzen.

Oder Sie entlassen den Schüler. Auf jeden Fall hören Sie auf, sich und den Schüler frustriert durchs Leben zu schleppen. Dürfen und Zulassen öffnen neue Möglichkeiten, einen erhöhten Aussichtsplatz einzunehmen, von dem aus Sie viel besser beurteilen können, was Ihnen guttut und was nicht.

Der Übung zweiter Teil erlaubt Ihnen einen noch tieferen Einblick in Ihr Denken.

Nehmen Sie sich drei Tage Zeit und beobachten Sie, wie oft am Tag Sie über Mißstände klagen, über Kollegen, Bekannte, Ihren Partner, Ihre Kinder, was Sie alles aufregt und verärgert. Achten Sie darauf, was Sie als erste Reaktion sagen, wenn jemand Sie lobt; sagen Sie etwa: „Ach nein, ich bin doch gar nicht so gut"? Und achten Sie darauf, was Ihre erste Reaktion ist, wenn Sie etwas Neues ausprobieren sollen; sagen Sie vielleicht: „Ich mache sowieso wieder alles falsch" oder "Am besten, ich probiere es erst gar nicht aus, nachher gelingt es nicht"?

Dann schauen Sie auf die *andere* Waagschale, in der Sie sammeln, was Sie Positives an diesem Tage wahrgenommen, wann Sie etwas Nettes, Freundliches gesagt haben und wann Ihnen der

Gedanke der Dankbarkeit für Ihr Leben kam. Abgesehen davon, daß der Inhalt der positiven Waagschale wahrscheinlich nur mit dem Mikroskop wahrnehmbar ist, fehlt den meisten von uns die Fähigkeit, sich selbst positiv zu sehen, sich selbst eines positiven Gedankens wert zu finden. Die negative Waagschale ist meist bleischwer und randvoll. Gleichzeitig sind Sie vermutlich fest überzeugt, daß Sie glücklich und zufrieden sein wollen. Wenn man aber solch eine gigantische Waagschale negativen Inhalts durchs Leben schleppt, mit dem dürftigen Schüsselchen positiver Gedanken auf der anderen Seite der Waage, in schwindelnder Höhe, so führt das zu Kreuzschmerzen und tausend Zipperlein und Verlust der Lust am Leben.

Positiv umdenken heißt nun nicht, die große Schale einfach auszukippen und sich einzubilden, man hätte nie solchen Gedankenschrott besessen. Das wäre Verleugnungs- und Vermeidungstaktik, die in denselben Topf gehören. Sie müssen sich auch keine rosa gefärbte Brille kaufen und den Schrott im zarten Rosaschimmer betrachten. Versuchen Sie einmal die Übungsphase, die ich die „Sortierungsphase" nenne:

Ihre negative Wahrnehmung und Bewertung, Ihre Kritik mag in manchen Punkten berechtigt sein; nur eines sollten Sie sich nicht durchgehen lassen: sich selbst dauernd schlecht zu machen. Darum nutzen Sie einmal einen Tag dazu, Ihre negativen Gedanken zu sortieren, indem Sie entscheiden, was „einfach mal gesagt werden muß" und was Sie ungesagt lassen können. Gleichzeitig versuchen Sie die homöopathische Dosis an positiven Wahrnehmungen in der winzigen Waagschale Schritt um Schritt zu erhöhen, indem Sie bewußt etwas Positives sagen. Das kann ein herzliches Dankeschön, ein echt gemeinter Willkommensgruß, ein kleines Lob anderen gegenüber sein. Das sollte aber vor allen Dingen ein positiver Gedanke über Sie selbst sein. Ich weiß, Sie haben als Musiker brav die Lektion gelernt: Man darf sich nicht loben.

Ein positiver Gedanke über Sie selbst ist kein Lob, sondern ein starker Energieschub, denn wenn Sie auch nur einen Hauch zufriedener sind, strahlen Ihre Augen, richtet sich die Wirbelsäule auf und auch das geknickte Hälmchen des Selbstbewußtseins. Sie brauchen nicht gleich große, gute Taten anzustreben. Nein, seien Sie schlicht nett und sanft zu sich selbst:

Wie gut, daß ich eingekauft habe, jetzt ist genug zum Essen im Hause.

Ich habe heute versucht, bis zum letzten Schüler aufmerksam zu bleiben.

Heute ist es mir gelungen, 20 Minuten konzentriert zu üben.

Ich habe das Sahnetörtchen genossen. Und so weiter.

Wenn Sie meinen, das seien nicht gerade geistige Höhenflüge oder weise Worte, die Großes bewirken könnten, dann tun Sie es einmal aus ganzem Herzen. Sie werden staunen, wie stark das Einfache wirkt!

Kommen wir zu der Phase, die ich die „Geduldsphase" nenne, weil es ein wenig Zeit braucht, bis Sie einen Kreislauf des positiven Denkens erreicht haben. Versuchen Sie abends vor dem Einschlafen dem Tag, den Sie verbrachten, zu danken. Lassen Sie kurz die Arbeit, die „Pflichten" Revue passieren, und überschauen Sie, was Sie Positives gedacht und getan haben. Die Kleinigkeiten sind wichtig, nicht so sehr die großen Tugendtaten. Vielleicht hatten Sie dort Geduld, wo Sie sonst keine hatten. Vielleicht haben Sie einen Brief mit „Herzliche Grüße" unterschrieben und haben es so gemeint. Vielleicht sind Sie als Mann ausnahmsweise einmal defensiv Auto gefahren, als eine langsame Frau vor Ihnen dahertuckerte und Sie es eilig hatten. Vielleicht haben Sie in einer ganz alltäglichen Situation innegehalten und Ihre Mitte gespürt.

Es gibt so vieles an einem Tag zu entdecken, dessen Sie sich freuen dürfen. Versuchen Sie, mit einer positiven Affirmation, die Sie ein paarmal wiederholen, einzuschlafen:

Ich bin ganz und vollkommen.
Ich bin es wert, geliebt zu werden.
Ich bin es wert, diese Schüler auf der Geige (oder einem anderen Instrument) zu unterrichten.
Ich erlaube mir, glücklich zu sein.-

Finden Sie eigene Affirmationen.

Nachdem Sie diese ersten Phasen durchlaufen haben, die Ihnen Ihre Qualität des Denkens ins Bewußtsein gerufen haben, folgt in der nächsten Übung eine weitere, die mentale Phase, die in die Fähigkeit mündet, Mentalenergie zu bündeln und bewußt zu lenken.

Übung 3: Der Denkkreis

Kopieren (vergrößern) Sie sich ein paar „Denkkreise" von Seite 27 als Arbeitsmaterial.

Wählen Sie eine Zeit, in der Sie voraussichtlich nicht gestört werden. Wenn es Sie inspiriert, lassen Sie Musik laufen, während Sie zunächst auf den Linien eintragen, was alles Sie in Ihrem Denken beschäftigt. Seien Sie wieder spontan. Tragen Sie dann Segmente mit den Denkinhalten in den Kreis ein. Es ergibt sich ein ganzheitliches Bild davon, was Sie zur Zeit in Ihrem Bewußtsein bewegt und was Sie mit Ihrem Bewußtsein mental bewegen. Aber das wird nicht sofort offensichtlich. Deshalb soll Ihnen Ihr Denkkreis für drei Tage als Grundlage zur Reflexion dienen. Legen Sie ihn für ein paar Tage beiseite.

Wenn sie ihn nach etwa drei oder vier Tagen wieder vor sich liegen haben, versuchen Sie zu spüren, was von ihm ausgeht.

Schließen Sie für ein paar Minuten die Augen, legen Sie eine Hand oder beide Hände auf den Kreis. Versuchen Sie über die Handinnenfläche zu fühlen, was von den Segmenten des Kreises ausgeht. Kribbelt es, wird es kühl, heiß, warm? Ist es hier angenehm, dort langweilig? Haben Sie Empfindungen von Ruhe, Nervosität, Leere, Trauer, Ärger oder von anderen Emotionen? Wenn Sie eine Empfindung haben, öffnen Sie die Augen und suchen Sie, indem Sie Segment für Segment durchgehen, von welchem diese Empfindung besonders stark ausgeht. Sind es mehrere Segmente, die das gleiche Gefühl auslösen, so akzeptieren sie alle. Es ist unwichtig, welchen Inhalts diese Segmente sind, denn was Sie spüren, sind nicht die formulierten Worte, sondern die zugrundeliegende Energie, die mentale Kraft der Worte, sozusagen das energetische Fundament.

Nun folgt die Phase der Annahme, indem Sie sich fragen, ob Sie die mentale Botschaft bzw. das Gefühl annehmen wollen oder nicht. Nehmen wir an, Sie wollen die Empfindung annehmen, dann schließen Sie noch einmal die Augen und stellen sich vor, daß dieses angenehme Gefühl wie eine Lichtdusche über Ihrem Kopf heruntersprüht, Ihren Körper durchläuft: durch den Hals, die Brust, den Rücken, die Arme und Hände, das Becken, die Beine und die Füße bis in die Erde. Wenn es Ihnen gefällt, können Sie diese positive Energie auch mehrmals wie beschrieben durch den Körper lenken. Sie werden sich sehr erfrischt fühlen!

Nehmen wir an, Sie wollen die Empfindung loswerden, so schließen Sie noch einmal die Augen. Stellen Sie sich vor, daß Ihr ganzer Körper durchlässig sei. Sie können sich jedes Bild erzeugen, sei es, daß Sie bestimmte, bereits physisch vorhandene Öffnungen wählen oder die Haut mit vielen kleinen Türchen, die alle offen stehen. Atmen Sie bewußt ein und denken Sie dabei eine positive Aussage, zum Beispiel „Ich darf dieses Gefühl loslassen"

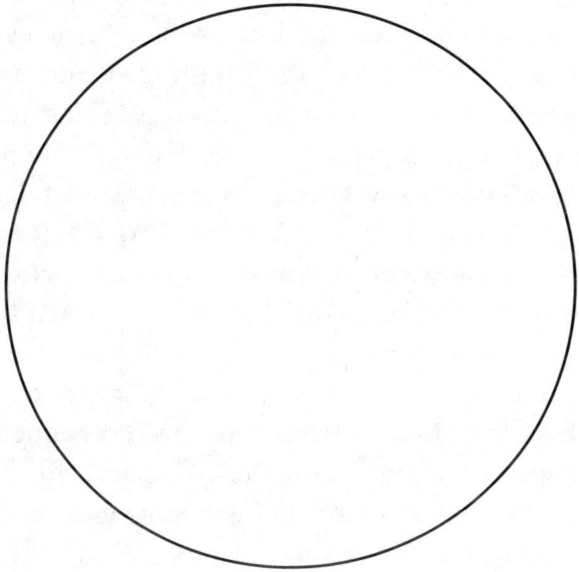

Abbildung: Denkkreis

oder „Ich bin ganz und vollkommen". Beim Ausatmen denken Sie bewußt: „Ich lasse dieses Gefühl los." Stellen Sie sich vor, wie das unangenehme Gefühl durch alle Öffnungen aus dem Körper fließt. Öffnen Sie immer mehr Schleusen, um den ungebetenen Gast hinauszukomplimentieren. Führen Sie diese Übung so lange durch, bis Sie deutlich spüren, daß er gegangen ist. Dann schließen Sie Ihre Türen und stellen sich über Ihrem Kopf eine Lichtdusche vor. Lassen Sie beim Ausatmen dieses Licht durch den ganzen Körper fließen, bis in den Boden. Sie werden sich sehr erleichtert und erfrischt fühlen!

Der Umgang mit den eigenen mentalen Energien ist sehr tiefgreifend. Deshalb sollten Sie sich ein wenig Zeit gönnen, in der Sie die Erfahrung „verdauen". Wundern Sie sich nicht, wenn Ihnen Freunde und Bekannte sagen: „Du wirkst so ganz anders, so gelassen und zufrieden." Das kommt daher, daß sich Ihre Ausstrahlung positiv verändert. Ohne Worte teilen Sie auf einer feinen, energetischen Ebene Ihre Art zu denken mit.

Kapitel 2

Farbenfrohe Musikschüler

Farben sind Ausdruck von Leben, sie entstehen durch Licht. Wenn sie aus unserem Leben schwinden, wird es nicht nur außen eintönig, sondern auch innen. Die Farben sind allgegenwärtig, allein wir Menschen haben die Gabe, sie zu wählen und zu vertreiben. Tiere und Pflanzen wechseln ihre Farben je nach Jahreszeit. Da die menschliche Haut nur wenige verschiedene Farben aufweist und zudem sehr empfindlich ist, seit wir den Pelz der Urahnen abgelegt haben, bedecken wir die Haut mit farbiger Kleidung und drücken darin aus, wie es uns geht, welche Energien wir benötigen, welche Signale wir nach außen senden, damit man uns wahrnimmt, kurzum: Farben wirken nach außen, je nachdem, welche Botschaft wir damit nonverbal vermitteln. So wie eine in Knallrot gekleidete Frau auf Männer elektrisierend wirken kann, so fade kann ein mausgrau gekleideter Mann auf eine Frau wirken, auch wenn seine Augen vor Energie sprühen. Farben sind Botschafter auf beiden Seiten: Sie beeinflussen die eigene Befindlichkeit und die des Betrachters, sie sind die schnellsten Kommunikatoren, die physisch-psychische Reaktionen auslösen. Wir sind aber meistens so mit dem Erreichen von Leistungen, Abschlüssen und Zielvorstellungen beschäftigt, daß uns die Wirkung von Farben gleichgültig ist. Wir schieben sie in Richtung der emotionalen Naivität und disqualifizieren jene, die in Farbstudios gehen – vorzugsweise Damen – und sich beraten lassen, was ihnen steht und ob sie ein Sommer- oder Herbsttyp sind.

Männer, die gerne farbige Kleider tragen würden, sind frustriert über die kleine Auswahl gedeckter Blau-, Grau- und

Brauntöne, die Zeichen der Anpassung und Unauffälligkeit. Hierzu eine kleine Anekdote, die mir ein amerikanischer Arzt erzählte: Sir John R. Worsley, einer der ersten und besten Kenner der chinesischen Medizin, hielt vor ein paar Hundert Ärzten einen Vortrag über die Bedeutung der Farben. Er sagte: „Schauen Sie, als typischer Engländer trage ich Grau und entlade damit Ihre Meridiane. Männer sind nicht dazu ausersehen, in leuchtenden Farben aufzutreten, leider! Aber was machen wir mit unseren Energien? Wie halten wir sie im Gleichgewicht? Es gibt nur eine Lösung: Färben Sie gleich nach diesem Vortrag Ihre sämtlichen Unterhosen und Unterhemden in Grün, Gelb, Rot und Blau. Selbst wenn Sie weiterhin graue Oberbekleidung tragen, wird die Kraft dieser Farben Sie aufladen und nach außen strahlen!"

Wir wollen uns nun eingehend mit der Wirkung von Farben im Musikunterricht befassen. Sie werden sowohl erfahren, wie die „Anstrichfarbe", das heißt die Kleidung und die Raumgestaltung auf Sie wirkt, als auch das in unserer Sprache wunderbar ausgedrückte Wechselspiel von Tonfarbe und Farbton. Dabei handelt es sich nicht um ein Spiel mit Worten, sondern um einen tieferen energetischen Zusammenhang zwischen den Energiefrequenzen von musikalischen Tönen einerseits und Farben andererseits: Wenn wir von einer bestimmten Tonfrequenz, z. B. 440 Herz, ausgehen, ergibt die mathematische Formel $440 \times 1^{12} \times \pi$ die Frequenz der entsprechenden Farbe.

Die deutsche Sprache als Sproß der indogermanischen Sprachfamilie hat in Farbton und Tonfarbe noch ein kleines Erbe vernetzter Wahrnehmung erhalten. Die Farbe klingt – das bringen wir oft in akustisch beschreibenden Adjektiven zum Ausdruck wie zum Beispiel: das schrille Grün, oder: das knallige Gelb, oder: das dumpfe Braun. Der Ton oder Klang wird hingegen oft visuell beschrieben, wie zum Beispiel: die matte Klangfarbe, das farblose Spiel, der strahlende Trompetenton oder die glänzende Interpretation. Wir verbinden mit Farben auch Empfindungen: Die Farbe Blau wird oft als kühl, gelassen oder unnahbar empfunden, während die Farbe Orange warm, angenehm und freundlich wirkt. Farben sind Energien, die uns auf einer unterbewußten Ebene viel intensiver beeinflussen als wir denken.

Zu Beginn ein Beispiel aus unserem Musikeralltag: In Ihre Klavierstunde kommt ein Teenager, von Kopf bis Fuß in Pechschwarz gekleidet. Vielleicht „lockern“ 40 Metallringe am Kopf und an den Fingern die Nachtgestalt auf. Wie geht es Ihnen damit? Seien Sie einmal ehrlich zu sich selbst, auch wenn es Ihre beste Schülerin ist. Wenn sie das Schlußlicht Ihrer Schülerschar ist, fällt es Ihnen vermutlich leichter, den Energieschwund zuzugeben, der unweigerlich eintritt, weil Schwarz eine Saugwirkung hat und das Licht absorbiert. Sie „powern“ daraufhin unmerklich viel Energie nach außen, um das wachsende Energiedefizit auszugleichen, das Sie unbewußt spüren. Spätestens nachdem Sie den vierten in Schwarz gekleideten Menschen in Folge unterrichtet haben, fühlen Sie sich ausgelaugt (– es sei denn, Sie wissen um die Wirkung von Schwarz und können gegensteuern).

Vielleicht möchten Sie dem Mädchen oder dem Jungen am liebsten sagen: „Mensch, zieh doch mal was anderes an!“ Aber Sie fürchten den vernichtenden Blick des Teenagers, den Sie von Ihrer Tochter kennen, die auch gerade die schwarze Phase durchläuft und Ihnen in der für Schwarz typischen, abgehackten Torsosprache klarmacht: „Is jetzt oberaffengeil!“ Also ertragen Sie die schwarzen Pianisten und stellen resigniert fest, daß der nachfolgende, wenig begabte Knabe mit dem gelben T-Shirt Ihren Sinnen etwas Erholung verschafft.

Was geschieht hier mit Ihnen? Warum sind Sie nach einem Unterrichtstag mit schwarz gekleideten Teenies besonders ausgelaugt und erschöpft? Wir führen das meistens auf die Lustlosigkeit, Trägheit oder Aggression der jungen Leute zurück. Aber es ist tatsächlich die Farbe Schwarz, die uns unterschwellig zu schaffen macht und sehr viel Energie verbraucht.

Dinshah Ghadiali, der berühmteste Farbforscher und -therapeut dieses Jahrhunderts, erklärt, daß die Farbe Schwarz die größte physisch-psychische Wachstumshemmung auslöse und etwas mit der Haltung „nicht erwachsen werden wollen“ zu tun habe. Wenn man unter diesem Blickwinkel die vorzugsweise schwarze Kleidung vieler Teenager sieht, versteht man ihre Botschaft besser. Bei Erwachsenen, die ständig Schwarz tragen, ohne den geringsten Farbtupfer, kann man starke depressive Züge bis hin zu schweren Gehirnausfallerscheinungen beobachten. Solche Resultate wurden zum Beispiel in Ländern beobachtet, in denen Frauen als Witwe bis an ihr Lebensende in Schwarz gekleidet sein müssen, und bei muslimischen Frauen im schwarzen Ganzkörper-Parda (komplette Verschleierung).

Ausgerechnet beim Teenager, der noch im Wachstum begriffen ist, spielt diese Farbe eine zentrale Rolle. Sie steht für eine Art Innehalten auf der Schwelle zum Erwachsensein und zeigt, daß wir keine Riten mehr pflegen, die dem jungen Menschen einen Sprung in die farbige Welt der Erwachsenen verheißen, wie dies noch bei asiatischen und afrikanischen Initiationsriten mit bunten Blumen und Gewändern geschieht. So entsteht die seltsame, gespaltene Haltung vieler Pubertierender, das innere Wachsen durch die Farbe Schwarz aufhalten zu wollen und gleichzeitig, wie jeder Erwachsene weiß, durch die enganliegende schwarze Kleidung den Sex-Appeal zu betonen. Bleibt es bei einer modisch bedingten Phase, weil es in einer Schulklasse gerade „in“ ist, pechschwarze Haare samt Kleidung, schwarzen Fingernägeln und Lippenstift plus Gesichtsbemalung zu tragen, so hilft die latente, ungeheuer starke physisch-psychische Schubkraft der Pubertät über sie hinweg. In allen Stammeskulturen der Erde spielt die Bemalung des Körpers und des Gesichts beim Übergang von der

Kindheit zum Erwachsensein eine wichtige Rolle. Unsere Teenies tun dies unbewußt, indem sie die kindlichen Züge durch herbe Strukturen und dunkle Farben übertönen.

Wer Schwarz trägt, will nicht gesehen und nicht erwachsen werden. Wenn ein Erwachsener ständig diese Botschaft sendet, nimmt dies allmählich krankhafte Züge an, weil buchstäblich alles im Energiefeld zum Erlahmen kommt. In unserer Kultur ist Schwarz die Trauerkleidung und signalisiert, daß die Lebensfreude wenigstens vorübergehend gedämpft wird. Pfarrer und einige Mönchsorden tragen Schwarz aber auch außerhalb der Trauerzeit: als Zeichen der weltlichen Entsagung.

Aus psychologischer Sicht löst Schwarz für den Betrachter einen Sog aus: Da macht sich etwas unsichtbar und möchte doch gesehen werden. Aus dem Blickwinkel der Erotik ist dies recht einfach zu durchschauen.

Haben Sie einmal Ihre Gefühle geprüft, wenn Sie ein Orchester oder ein Kirchenkonzert samt Solisten in Schwarz gekleidet erleben? Wenn die Musik Sie erfüllte, spielte die sanktionierte Trauerkleidung auf der Bühne sicher eine untergeordnete Rolle. Eine farbenreiche Musik wirkt besonders intensiv vor schwarzem Hintergrund, so wie jede Farbe auf Schwarz besonders leuchtet. Ist die Musik jedoch energieschwach, farblos und langweilig, dann sinkt das Energiefeld zwischen Ihnen und den Musikern sehr schnell zusammen, und dann wirkt Schwarz lähmend. Das bedeutet: Schwarz mit einer zusätzlichen Energiekomponente fällt nicht ins Gewicht, sondern verhilft unabsichtlich jedem Extra zu mehr Leucht- und Strahlkraft. Soweit der Blickwinkel des Betrachters.

In der Musik-Kinesiologie, dem Ausbildungsprogramm für Berufsmusiker zwecks Entstressung berufsspezifischer Themen (vgl. Sonnenschmidt/Knauss, 1996 a), spielt indessen die Farbe Schwarz als Konzertkleidung eine enorme Rolle, denn der sie tragende Mensch muß von innen nach außen die alles schluckende, alles an sich saugende Fähigkeit des Schwarz durchdringen. Sie verlangt ein zusätzliches Energieaufgebot, weil der künstlerische Prozeß auf der Bühne extrovertiert ist und die Farbe Schwarz ganz introvertierende Züge hat. Wenn jemand auf der Bühne überragende Qualitäten hat und mit der Publikumsenergie problemlos umgehen kann, spielt seine Kleidungsfarbe eine sekundäre Rolle. Leidet jemand aber unter großem Lampenfieber oder unter Versagerängsten, kann die Kleidungsfarbe (von der Unterwäsche angefangen bis zur Oberbekleidung) sowohl eine lähmende Wirkung haben, wenn sie vollkommen schwarz ist, und eine anregende, positive Wirkung, wenn sie farbig ist. Ohne Zweifel ist dies für Männer eine interessantere Thematik, weil bis jetzt noch kein Künstler bzw. Designer auf die rettende Idee gekommen ist, die Musiker von ihrer konservativen und für die Spieltechnik und das freie Atmen völlig unbequemen Hose-Sacko-Kleidung zu erlösen. Die bisweilen in der Kammermusik erlaubte bunte Fliege oder Krawatte reicht nicht aus, um den „schwarzen Streß" abzubauen. Darum geben wir in der Musik-Kinesiologie (nach der Streßablösung auf die Wirkungen von Schwarz auf das eigene Energiefeld) eine Empfehlung, die Sie zunächst vielleicht schmunzeln oder den Kopf schütteln läßt, nämlich: bunte Unterwäsche zu tragen. Die Haut als größtes Organ reagiert stark auf die Schwingungsinformation der Farben. Für die Auswahl der Farben gibt es keine generellen Regeln; wie wir noch sehen werden, muß jeder Musiker selbst herausfinden, was er wann als Farbe tragen sollte, damit eine Balance zwischen der Fähigkeit zu Geben (künstlerisches Tun auf der Bühne) und Nehmen (Aufnehmen und Transformieren der Publikumsenergie) entsteht.

Bei Solistinnen in der Kirchenmusik kann zum schwarzen Kleid ein roter, gelber, grüner oder orangefarbener Schal oder etwas ähnliches (abgesehen von der farbigen Unterwäsche) bereits zur Steigerung der Energie beitragen.

Was hat das alles nun mit Ihrer schwarz gekleideten Klavierschülerin zu tun? Sehr viel, denn es gibt kreative Übungen, die Ihnen und dem Schüler zu einer erlebbaren, hörbaren, sichtbaren Erfahrung verhelfen, wie Farben sich auf die Musik und das Gefühl auswirken. Wie schon weiter oben gesagt, haben Ermahnungen, doch nicht immer in Schwarz oder Grau herumzulaufen, auf Teenager keine Wirkung. Es ist viel leichter, sie selbst erleben zu lassen, und dann ist man sehr erstaunt über ihre feine Wahrnehmung.

Übung 4: Auf Farbfeldern spielen

Sie dient erst einmal Ihrer eigenen Erfahrung. Beschaffen Sie sich einfache Papierservietten in den Farben Gelb, Orange, Grün, Blau, Dunkelblau, Violett. Verteilen Sie die auseinandergefalteten Farbfelder auf dem Boden. Wählen Sie eine längere Phrase eines Musikwerkes, und spielen Sie sie auf jedem Farbfeld. Wenn Sie kein transportables Instrument wie Klavier, Schlagzeug, Harfe oder Cello spielen, legen Sie jeweils eine Farbe auf Ihren Sitz, während Sie spielen. Sie werden die erstaunliche Erfahrung machen, daß Sie sich augenblicklich wohl oder unwohl auf einer Farbe fühlen, daß Ihre Musikphrase mal schneller, mal langsamer klingt, daß Sie sich hier verhaspeln, dort mehr Klarheit bei virtuosen Stellen spüren. Es gibt keine Regel, welche Farbe welche Reaktion auslöst, weil die Energetik der Musik, die Sie singen oder spielen, eine Symbiose mit der Farbenergetik eingeht und Sie bestimmen, ob Sie sich wohl oder unwohl fühlen. Wenn Sie das Gefühl gewinnen, eine bestimmte oder zwei Farben würden Ihnen den rechten Impuls geben, das Musikstück zu interpretieren, so versuchen Sie, ein Feedback zu bekommen.

In der Musik-Kinesiologie machen wir diese Übung so, daß der Musiker selbst gar nicht weiß, welche Farben von hinten auf seinen Sitz gelegt oder hinter seinem Rücken gehalten werden. Es ist für alle geradezu unglaublich, wie anders ein und dasselbe Musikstück klingen kann, je nach Farbimpuls.

Suchen Sie eine Gelegenheit, ein paar Freunde als Zuhörer einzuladen, und spielen Sie ihnen verschiedene „farbige“ Versionen vor. In den meisten Fällen ist Ihr persönlicher Eindruck davon, wann am meisten von Ihrem Spiel herüberkommt, wann Sie am energiestärksten spielen oder singen, identisch mit dem Eindruck der Zuhörer.

Übung 5: Das Notenblatt farbig gestalten

Es geht noch einmal um Sie selbst. Wählen Sie ein Musikwerk, an dem Sie gerade arbeiten und das für Sie vielleicht noch einige technische Schwierigkeiten aufweist. Nun machen Sie von ein oder zwei Seiten dieses Werkes eine Kopie. Setzen Sie sich gemütlich hin, und versuchen Sie beim Durchlesen und inneren Hören ganz auf Farben umzuschalten. Seien Sie einfach kreativ und malen Sie alle Passagen in der Farbe, die Ihnen sinnvoll erscheint, mit Buntstiften an. Sie können auch Malkreide oder Wasserfarben nehmen. Wenn Sie das langweilige Schwarzweiß des Notenblattes in ein buntes Gemälde verwandelt haben, spielen Sie das Werk. Sie werden sofort begreifen, was mit dem Begriff „farbiges Spiel“ gemeint ist; wie Sie vielleicht noch aus den Tagen des Musikstudiums in Erinnerung haben, gab es im Barock die Affektenlehre, die danach trachtete, den emotionalen Gehalt der gesungenen Worte musikalisch auszudeuten. Farben lösen Emotionen aus, oder anders gesagt: Emotionen lassen sich farblich-klanglich darstellen. Anstatt die sinnentleerten agogischen und dynamischen Angaben in einem Musikstück nur technisch nachzubeten, machen Sie jedes Allegro entsprechend seiner ursprünglichen Bedeutung (ital. *allegro* = fröhlich, lustig) oder Forte (ital. *forte* = stark, kräftig, laut) zu einem lebendigen Organismus, indem Sie es farblich adäquat durchdringen. Was haben wir nicht alles im Studium über Artikulation gehört, wann man wie phrasieren, Bögen einteilen sollte usw., weil es stilistisch gut sei, die Regeln zu befolgen! Wir haben uns einer wichtigen Erfahrung berauben lassen, nämlich selbst zu erleben, wie sich eine natürliche, grundlegende Artikulation ganz von selbst ergibt, wenn man „in Farbe" spielt.

Nun wenden Sie Ihre Erfahrungen mit dem Spielen auf buntem Papier und von farbig bemaltem Notenpapier im Musikunterricht an.

Übung 6: „Schwere Stellen" mit Hilfe von Farben meistern

Lassen Sie jeden Ihrer Schüler und Studenten auf farbigen Unterlagen oder von farbig gestalteten Notenblättern spielen oder singen, wie bei Übung 4 und 5 beschrieben.

Nun hören Sie selbst die Unterschiede bei längeren Musikpassagen und sehen, wie anders die Körpersprache ist. Sie haben vielleicht für eine Sonate ein bestimmtes Tempo im Sinn. Hören Sie, wie sich das Tempo unter dem Einfluß bestimmter Farben verändert, und hören Sie vor allem auf Ihren Schüler, wenn er sagt: „So stimmt das Tempo für mich!" Kinder und Jugendliche sind begeistert vom Farbenspiel, denn sie machen eine ganzheitliche Erfahrung und kommen weg von der bis in die späten Berufsjahre streßbesetzten Vorstellung „Das ist eine schwere Stelle" oder „Das ist ein schweres Stück".

Ich habe viele Kinder und Hochschulabsolventen für den Wettbewerb oder das Probespiel musikkinesiologisch vorbereitet und viele Male erlebt, daß für sie ein Pflichtwerk oder überhaupt ein Musikwerk zusammenschnurrt auf ein paar schwierige Stellen. Diese zwanghafte Vorstellung hält sich nur deshalb so hartnäckig, weil wir schon als Kinder auf dem Umschlag des Notenheftes lesen: „Leichte Stücke", „Schwere Stücke", und weil unser Flöten-, Klavier- oder Geigenlehrer pausenlos über die Jahre vermittelt hat, was schwer und was leicht sei. Das Musizieren bekommt etwas sehr Schweres und Ernstes. Was Wunder, daß sie selbst für erfahrene Berufsmusiker zur Last wird?! Was Wunder, daß mir junge Wettbewerbsteilnehmer viel von Schwierigkeitsgraden erzählen können, aber nichts über die Farben und Emotionen, die sie empfinden. Das „sportliche" Element, das seit dem zweiten Weltkrieg Einzug in die klassische Musik hält, hat die Empfindsamkeit „zugunsten" einer fragwürdigen Funktionalität abgelöst. Statt fröhliche, farbenfrohe, empfindungstiefe Musikeleven, die sehr gut zwischen melancholischen, traurigen, heiteren, behenden Farbtönen und Klangfarben unterscheiden können, haben wir Wunderkinder gezüchtet, die tadellos funktionieren – auf dem Instrument wie im Musikbusineß.

Von Ihrer Arbeit hängt also viel ab: Bei Ihnen fängt das Rad an, sich zu drehen; Sie als Musikpädagoge legen den Samen in die Erde. Warum nicht mal einen farbigen?!

Übung 7: Ein Musikstück malen

Jeder Musikschüler stößt an Grenzen: Irgendeine Stelle „hakt" oder wirft erklärbare oder unerklärliche Probleme auf. Anstatt nun den streßbesetzten Gedanken „Ich schaffe das nicht" bei ihm oder ihr aufkeimen zu lassen, versuchen Sie es einmal mit einer Methode, die ich immer bei Kindern und Jugendlichen anwende, die an einem Wettbewerb teilnehmen. Fragen Sie das Kind oder den Jugendlichen: „Was meinst du, welche Geschichte erzählt das Stück, das du gerade spielst?" Ermuntern Sie die Phantasie des Kindes. Es ist nicht (mehr) gewohnt, Musik mit inneren Bildern wahrzunehmen, aber es ist auch bald wieder bereit, seine Bilderwelt zu aktivieren. Lassen Sie das Kind das Musikstück malen, nachdem es Ihnen die Geschichte umrissen hat. Es ist sehr hilfreich, auf diese Weise dem Kind zu vermitteln, daß auch eine Sonate, eine Tonleiter, Dreiklänge oder Einzeltöne lebende Wesen sind, die sehr beredt sein können, wenn man ihnen nicht den Mund verbietet.

Indem das Kind das Musikstück malt, nimmt es ganzheitlich wahr. Was vorher schwierige Details waren, das sind jetzt Bestandteile eines Ganzen. Ich zeige den Kindern immer eine Postkarte, die mir ein witziger Organist schenkte, nachdem er zum erstenmal in einem Gottesdienst aus farbig gestalteten Noten gespielt hatte: Ein Teddybär sitzt am Klavier und spielt nicht aus Noten, sondern läßt sich durch ein buntes Gemälde inspirieren, das er selbst angefertigt hat.

Lassen Sie nun das Kind sein Stück wieder spielen, nachdem Sie es ermuntert haben, zuerst noch einmal an die Geschichte dieses Stücks zu denken. Kann das Kind das Stück schon auswendig, so wird es Sie verblüffen, wie farbig und gehaltvoll die Interpretation ist. Steht das Auswendiglernen noch an, so wird das innere und äußere Bild dem Kind helfen, das Werk ganzheitlich zu lernen, das heißt: mit beiden Gehirnhälften. Dazu weiter unten mehr.

Ich hatte einmal einen vierzehnjährigen Schüler. Als er einmal gerade sein „Gemälde“ spielte, legte er seine Geige unvermittelt hin und sagte: „Moment mal, ich hab da einen Tupfer Dunkelgrün vergessen.“ Er trat zu seinem Bild und malte in eine grüne Wiese noch einen Tupfer Dunkelgrün (!), griff schnell wieder zur Geige, schaute mit den Augen kurz nach oben, als betrachte er sein inneres Bild noch einmal, und sagte dann: „Ja, so stimmt's!“ Kinder sind sehr genau in ihren Wahrnehmungen und empfinden Farben als deutliche Energiebotschafter. Dieser Junge spielte eine Vivaldi-Sonate und kam nie über eine bestimmte Stelle hinweg, bei der im Viervierteltakt Triolen standen. Er war hier unrhythmisch und spielte falsche Noten, obgleich er das Werk ansonsten recht gut spielte. Er ging sofort auf meinen Vorschlag ein, erst einmal „im Bilde“ zu sein, was sich denn in dem Sonatensatz abspiele. Er war, wie so viele Kinder, mit denen ich die Übung machte, so sehr beschäftigt, seine Geschichte bzw. sein inneres Bild von dem Stück zu malen und zu spielen, daß wir beide am Schluß lachend fragten: „Wo war denn die schwere Stelle?“

Es gibt keine schweren Stellen, wenn man phantasievolle Lösungen anbietet. Die unkreativste Lösung ist pausenloses Wiederholen, weil dadurch ein immenser Streß wie eine Hürde vor der vermeintlichen Schwierigkeit aufgebaut wird. Das Kind lernt dabei nur, daß es mal per Glücksfall gelingen kann, die Hürde zu nehmen, aber ansonsten wird diese Stelle im Gehirn als Hürde gespeichert. Auch für erfahrene Berufsmusiker sind manche Stücke ein Hürdenlauf. Ich erinnere nur an Probespiele, in denen einzelne Stellen aus Orchesterwerken abgerufen werden. Ich mache mit erwachsenen Musikern die gleichen Farbübungen, weil es auch bei ihnen um farbiges Spiel, um ganzheitliches Erfassen eines Musikwerkes und um den Abbau der wertenden Vorstellung von schwer/leicht geht. Und das ist nicht altersabhängig.

Kreatives Arbeiten mit Farben im Musikunterricht macht nicht nur Spaß und lockert den Übealltag auf, es wirkt sich auch positiv auf zwei wichtige Bereiche aus, die vielen Schülern schwerfallen: die Motivation zu üben und die Ökonomie des Übens.

Wir unterscheiden meistens zwischen fleißigen und faulen Schülern und sehen mit Wohlgefallen, daß der Fleißige es zu etwas bringt, weil er sein Talent wie einen Diamanten schleift. Der „faule“ Schüler mag talentiert sein, aber er vernachlässigt beispielsweise die notwendigen technischen Übungen wie Töne aushalten (bei Bläsern und Streichern), Tonleitern und Etüden; er kommt ungeübt in Ihren Unterricht und amputiert Ihnen nach kurzer Zeit den letzten Nerv. Kein Wunder, daß hier für Lehrer wie Schüler Frustrationen entstehen, wenn der Instrumentalunterricht beispielsweise abgebrochen oder unregelmäßig wahrgenommen wird. Selbst viele Berufsmusiker bezeichnen die übeunlustige Phase in der Pubertät als „ersten Karriereknick". Die Musiklehrer resignieren oft angesichts der Tatsache, daß auch begabte Jungmusiker für ein bis drei Jahre deutlich im Übefleiß nachlassen. Man hat zwar einerseits Verständnis für die jungen Leute, meint aber andererseits, sie verlören Zeit und Fingerfertigkeit.

Ein wichtiges und wirkungsvolles Mittel, Musiker zum Üben zu motivieren, sind Vorspiele und Wettbewerbe, genau wie im Sport. Man sieht großzügig über den Streß hinweg, den die meisten Nachwuchsmusiker damit haben. Was ist aber, wenn für einen (klugen) Schüler das Vorspiel oder der nahende Wettbewerb keine Motivation liefert, besser zu spielen oder zu üben? Was ist, wenn Ihnen das seltene Glück zuteil wird, in Ihrer Schar einen Schüler oder eine Schülerin zu haben, die noch unbewußte Reste jenes Gefühls haben, Musik müsse der eigenen Seele etwas geben, und dafür müsse man nicht üben, schon gar nicht Tonleitern und Oktavsprünge?

Macht uns nicht ein solcher Schüler ratlos? Ich habe oft festgestellt, daß die Verweigerung, die üblichen technischen Übungen durchzuführen, vorzuspielen oder an Wettbewerben teilzunehmen, im Grunde eine ganz natürliche Reaktion auf eine große Schwäche unserer Musikerziehung ist: das leistungsorientierte, konkurrenzbetonte Denken. Dazu fällt mir ein denkwürdiges Erlebnis mit Nachwuchsmusikern ein, die ich auf den Wettbewerb „Jugend musiziert" vorbereitete. Nachdem ich erklärt hatte, daß und wie man kinesiologisch Streß ablösen kann, hörte ich folgende Aufforderung in verschiedenen Variationen: „Ich will schneller und besser sein als die anderen, aber machen Sie mir den Streß weg!"

Vorspiel und Wettbewerb sind sicher wichtig, sie bieten aber keine ideale Motivation zum Üben, wenn nicht schon im täglichen

Umgang mit Pflichtübungen in der Musik eine Haltung entwickelt wird, die über das „schneller und besser" hinausreicht. In Indien fand ich fand eine recht einfache Lösung des Problems der Übeunlust im Teenageralter, als ich das Glück hatte, junge Musiker zu erleben, die in völliger Zurückgezogenheit auf dem Lande in klassischer Musik erzogen wurden. Kaum daß die Pubertät einsetzt, nimmt der Jugendliche für zwei bis drei Jahre an keinem Vorspiel teil, erhält aber dafür im Unterricht sehr viele Anregungen, technische Übungen *anders* zu erleben. Er darf sie malen, plastizieren, tanzen; er darf entgegen der bisherigen, äußerst strengen Vorschriften darüber, wann welche Übungen wie lange auszuführen seien, nun selbst entscheiden, wann er übt. Der Lehrer überträgt ihm die Verantwortung, diese Phase der Musikerausbildung selbst kreativ zu gestalten. Das hat für die spätere Laufbahn als Musiker eine enorme Bedeutung, denn fragt man indische Solisten nach ihrer Teenagerzeit, so heben sie stets hervor, daß ihnen die Abwechslung, mit technischen Übungen einmal spielerisch umgehen zu dürfen, über die Phase der Übeunlust hinweggeholfen habe.

Die Erfahrungen in Indien habe ich auf unsere Verhältnisse übertragen und die folgende Übung daraus entwickelt.

Übung 8: Technische Übungen farbig gestalten

Beauftragen Sie Ihre Schüler, zu Hause Kopien von gedruckten Tonleitern, Etüden oder anderen technischen Übungen zu machen und die einzelnen Übungen nach Lust und Laune anzumalen. Sie sollen ihre bunten Notenblätter in den Unterricht mitbringen. Nun entsteht für Sie und den Schüler ein spannendes Spiel. Der Schüler spielt seine Übung, und Sie, so sitzend, daß Sie die Noten nicht sehen können, sollen raten, mit welcher Farbe die gerade gespielte Übung angemalt ist. Nehmen Sie sich einfach mal ganz zurück, beobachten und hören Sie, was sich tut. Zunächst wird der Schüler vielleicht ein wenig schadenfroh sein, wenn Sie nicht gleich die richtige Farbe erraten. Er wird Ihnen die Übung vorzugsweise in derjenigen Farbe vorspielen, in der sie am besten gelingt. Nun können Sie zum Beispiel fragen, ob es denn in seiner Palette auch eine „Schnellspielfarbe" gebe. Der Schüler wird intuitiv die für ihn richtige Farbe wählen. Dann fragen Sie, ob er denn auch eine „Langsamspielfarbe" parat habe. Er wird auch jetzt intuitiv die für ihn richtige Farbe wählen. Dann können Sie etwa fragen, wie sich denn die betreffende Tonleiterschleife in Grün anhören würde, oder die betreffende Dreiklangfolge in Türkis, oder die Czerny-Etüde in Gelb. Dieses spielerische Einkleiden technischer Übungen in Farben vermittelt jungen Musikern zwei wesentliche Erfahrungen: Sie erleben beim Spielen in verschiedenen Farben unterschiedliche Gefühlsqualitäten und beleben dadurch trockene, spröde Etüden. Und sie haben ein Erfolgserlebnis, weil eine Etüde in einer der Farben am leichtesten gelingt. Das geschieht, weil nun nicht mehr die schwarzen Noten auf dem weißen Papier das linke Gehirn allein fordern (und überfordern), sondern weil dank der farbigen Ausgestaltung oder der inneren, farbigen Vorstellung das rechte *und* das linke Gehirn stimuliert werden.

Schließlich können Sie Kinder und Jugendliche dazu ermuntern, eine Geschichte zu erfinden, die nur aus technischen Übungen besteht. Diese Geschichte sollen sie Ihnen nicht verraten, sondern vorspielen. Sie werden staunen! Ich habe kleine Konzerte nur aus Tonleitern, Quint- und Oktavsprüngen, Dreiklängen und vormals eintönigen Etüden erlebt, die eine Sonate in den Schatten stellten. Als Jux stellten einige Jugendliche beim Vorspielabend einmal eine Kostprobe Ihrer „Techno-Kreationen" vor, die lauten Beifall hervorriefen, und andere Schüler fragten: „Wo haste denn das her?!" Voller Stolz hörte ich Teenager sagen: „Hab' ich selber gemacht! Ist doch ganz einfach, nur'n paar Etüden." Großes Staunen auch bei den Erwachsenen, die an ihre eigenen langweiligen Erlebnisse mit Technikdrill ungerne zurückdenken.

So spielerisch diese Übung erscheint, sie hat eine tiefgreifende, positive Wirkung auf das kindliche Gemüt, weil kaum irgendwo so viel Energie vergeudet wird wie beim Üben und weil das Kind nun lernt, daß Üben erstens Spaß macht und zweitens viel schneller von der Hand geht, wenn die Etüden keine grauen Eminenzen im Hintergrund der künstlerischen Ausbildung sind, sondern lebendige Gesellen, die sich in farbenprächtigen Gewändern zeigen dürfen.

Ich werde nie vergessen, wie mir ein fünfjähriges, sehr begabtes rumänisches Mädchen am Klavier lebhaft erzählte, was für Gespräche seine Etüden miteinander führten. Es spielte verschiedene Czerny-Etüden und kommentierte: „Nun hören Sie mal, wie leise der da spricht ..., und jetzt kommt der Felsen und poltert einfach da rein und schreit herum. Keiner will ihm zuhören ... Da kommt auf einmal die ganz dünne Frau und sagt: 'Guten Tag, du mächtiger Felsbrocken.' Hören Sie mal, wie toll die sich jetzt unterhalten ..."

Ich glaube, daß mir dieses Kind die Seele für Czerny geöffnet hat und mich darin beflügelte, viel über Farben zu lernen.

Ich habe es bis jetzt nicht eigens erwähnt, aber Sie werden erfreut feststellen, wie beweglich Ihre Schüler plötzlich werden, wie anmutig selbst bei den Jungen die Körpersprache wird, wenn sie farbige Musik machen dürfen, wenn jede Note ein Wesen sein darf, das atmet. Als Musikpädagoge werden Sie nachdenklich, wenn Sie erleben, wie sich mit diesen einfachen Mitteln mangelhafte Rhythmik und Präzision im Spiel beheben lassen und wie es auf einmal keine unbegabten oder faulen Musikschüler mehr gibt, sondern nur noch Schüler, die verschiedene Grade der Umsetzung des inneren in das äußere Hören aufweisen. Sie werden durch diese Übungen keine Genies züchten und nicht unterm Strich mehr Karriereanwärter sammeln. Nein, Sie werden aber Selbständigkeit und Eigenverantwortung bei Ihren Schülern anregen, ohne große Worte und Maßregeln. Noch etwas Wichtiges erwächst aus dem „farbigen" Umgang mit technischen Geläufigkeitsübungen, was Sie zunächst gar nicht vermuten: Kinder und Jugendliche entwickeln ein Gespür dafür, welche Auftrittsebene ihnen gemäß ist. Es gibt nicht nur die eine professionelle Ebene des Auftretens auf der großen Bühne, ganz oben, die nur wenige erreichen, aber alle anstreben „müssen". Kinder sollen und wollen zeigen, was sie können. Aber wir bieten ihnen entweder das Vorspiel vor anderen Schülern, vor Verwandten oder dann gleich vor einem fremden Publikum. Was könnte dazwischenliegen?

Auch hierzu möchte ich ein Beispiel aus der indischen Musikerausbildung erwähnen, das Ihnen sicher zunächst absurd erscheint, das aber zumindest bedenkenswert ist: Sobald im Schüler der Wille zur Darstellung auf der Bühne erwacht ist (im kindlichen oder jugendlichen Alter), bleibt der Lehrer nicht mehr im Unterricht bei ihm sitzen, sondern sagt: „Ich bin präsent, gehe aber hinaus. Du siehst mich nicht, aber ich höre dich, und ich höre dir sehr genau zu, und es kommen auch noch andere Leute, die dir zuhören!" Es wird neben dem Vorspielen vor Verwandten oder einem Freundeskreis auch das Vorspielen vor einem unsichtbaren Publikum geübt. Warum?

Erstens hat man erkannt, daß Kinder und Jugendliche leichter mit dem Lampenfieber des Vorspielens umgehen können, wenn sie außer der visuellen auch die kinästhetische (gefühlte) Wahrnehmung des Publikums kennenlernen.

Zweitens hat man festgestellt, daß junge Musiker in einer bestimmten Phase ihrer Entwicklung zwar gern gehört, aber nicht gesehen werden möchten. Klingt das nicht plausibel?

Auf unsere Verhältnisse übertragen heißt das: Der Umgang mit Farbtönen und Tonfarben beim Üben setzt beim Schüler auch ein wachsendes, sicheres Gefühl dafür frei, ob und wie er sein Können unter Beweis stellen möchte. Fragen Sie ihn, unter welchen Bedingungen er vorspielen möchte. Verlassen Sie ruhig einmal den Unterrichtsraum und versichern Sie dem Schüler, daß Sie dennoch aufmerksam zuhören. Das Experiment lohnt sich!

Ich kenne inzwischen eine ganze Reihe Hochschullehrer, die mir berichten, wie fabelhaft Studenten und Meisterschüler auf Farben ansprechen. Vielleicht erhält ihnen das auch ein Stück Kindheit und Verspieltheit auf den verschlungenen Pfaden des rauhen Musikbusineß.

Kapitel 3

Ein wenig farbige Theorie

Jede Kultur, ob Stammes- oder Hochkultur, hat im Laufe ihrer Geschichte eine Farbenlehre entwickelt, die besagt, welche Farben welche psychische oder spirituelle Bedeutung haben. Farben werden auch therapeutisch eingesetzt. In den schamanistischen Kulturen haben bestimmte Erdfarben magische Bedeutung und werden gezielt zur Reinigung des Körpers und der Seele eingesetzt. In den westlichen und östlichen Hochkulturen haben sich farbtherapeutische Richtungen entwickelt, die neben der Wirkung auf den Körper und die Psyche auch von der Wirkung auf den „feinstofflichen Körper" sprechen. Das bedeutet, diese Lehren gehen von der Existenz einer farbigen Körperaura aus, die physische, emotionale und seelische Zustände widerspiegelt. Wird dieses feinstoffliche Energiefeld von außen mit farbigem Licht bestrahlt, entstehen energetische Resonanzen bzw. Verstärkungen, die heilend auf den physischen Organismus wirken. Der bedeutendste Forscher und Therapeut auf diesem Gebiet war der schon erwähnte Inder Dinshah Ghadiali (siehe Literaturverzeichnis).

Allen derartigen Lehren liegt dasselbe Phänomen zugrunde: der Regenbogen mit seinen sieben Farben. Es gibt Gemeinsamkeiten in der Einteilung der Farben, aber große Unterschiede in der Beschreibung der Farbwirkungen. Das hängt damit zusammen, daß die Lichtenergie einer bestimmten Farbe nach dem Resonanzprinzip eine Symbiose mit dem Energiefeld eines Organismus eingeht und es dabei unterschiedliche Reaktionen geben kann. Weil es hier keine festen Regeln gibt, habe ich die *Selbsterfahrung* mit Farben in den Übungen 4 bis 8 vorausgeschickt. (Vgl. Kapitel 2)

Jede Vorgabe wie „Blau zieht zusammen", „Grün gleicht aus" oder „Rot expandiert" würde Ihre und die Kreativität Ihrer Schüler lähmen. Gleichwohl ist es interessant, etwas über die grundsätzliche Bedeutung von Farben im Zusammenhang mit Klang zu erfahren. Da Sie als Pädagogen Erfahrung und Wissen weitergeben, möchte ich mit Rücksicht auf die musikalische Laufbahn Ihrer Eleven mehr den therapeutischen Aspekt der Farben in den Vordergrund stellen. Sie erfahren dadurch etwas über die Bühnenwirksamkeit von Farben und über die Wirkung von Lichtfarben allgemein. Es gibt kaum eine Therapie, die auf Körper, Geist und Seele so unmittelbar positiv wirkt wie farbiges Licht.

Ich arbeite seit vielen Jahren sowohl therapeutisch als auch sensitiv (das heißt: die Aura fühlend und sehend) mit Farben und fand die Erkenntnisse der beiden bedeutendsten Farbforscher, Dinshah Ghadiali (Indien, Amerika) und Theo Gimbel (England), bestätigt. (Siehe Literaturverzeichnis) Deshalb gehe ich im folgenden von meinen Erfahrungen damit aus.

Ich unterscheide zwischen sogenannten Wachstums- und Hemmungsstrahlen auf der Körperebene. Näheres dazu finden Sie in den beiden nebenstehenden Tabellen.

Wenn wir beide Tabellen vergleichen, können wir den Farbkreis oder die Abfolge der Regenbogenfarben erkennen, in deren Mitte sich die Farbe Grün befindet. In der Farbtherapie spricht man vom Angel- oder Drehpunkt zwischen Wachstums- und Hemmungsstrahlen.

Farben wirken auf den menschlichen Organismus ähnlich wie homöopathische Heilmittel (Similia): Sie rufen einerseits entsprechend ihren Eigenschaften *ähnliche* Reaktionen oder Resonanzen hervor, gleichen aber andererseits auch entgleiste Energien aus. Deshalb spreche ich gerne vom „Farbsimile". Wir haben hier wieder ein ganzheitliches Prinzip, das unser vernetztes Denkvermögen wachruft. Wenn etwas im Organismus überschießt und zuviel

Tabelle 1

Wachstumsstrahlen	*... regen an:*	*Einsatz bei Krankheitsbildern wie:*
Rot	**Blutbildung, Blutkreislauf, Sinneswahrnehmung, Leber, Sexualorgane**	**Hauterkrankungen ohne Entzündung, Erschöpfung, Wachstumsstörungen**
Orange	**Lungengewebe, Drüsensekretion**	**Lungenkrankheiten, Schwächung durch Operationen, Rekonvaleszenz**
Gelb	**Nervensystem, Verdauung, Magen, Leberstoffwechsel, Gehirnstoffwechsel, Kommunikation nach außen**	**körperliche und seelische Erschütterung, Schockzustände, Gehirnerschütterung, Depressionen, Verstummen, Lethargie**
Gelbgrün	**Knochenbildung, Gewebeaufbau**	**Bakterien-, Virus-, Wurmbefall**
Grün	**Bildung von Zellgewebe, Ausscheidung von toten Zellen**	**Tumore, Geschwüre, Ekzeme, degeneriertes Gewebe**

Tabelle 2

Hemmungsstrahlen	*... beruhigen:*	*Einsatz bei Krankheitsbildern wie:*
Grünblau	**Gehirnfunktionen, Nervensystem**	**Gehirnstörungen, Anfälle aller Art, Herzüberfunktion, Unruhe, Juckreiz**
Blau	**Immunsystem, psychisches Zentrum im Gehirn, Niere, Harnleiter**	**Immunschwäche (löst Alarm im Körper aus!), Verhaltensstörungen, Zerstörungswut, chronischer Juckreiz, Nervosität, Aggression**
Blauviolett	**Milz, Lymphe, Därme Zentralnervensystem**	**körperliche und psychische Verspannungen, Krämpfe, Aggressionen,unkontrollierte Bewegungen**
Violett	**Immunsystem, Psyche**	**Hysterie, traumatische Erlebnisse, die nicht verarbeitet werden können**

Energie produziert, helfen die dunkeltönigen Hemmungsstrahlen, diese Energie wieder in ihre Bahnen zu lenken. Ist das Biofeld, also die Energetik eines Organismus, im Lot, so wirken Hemmungsstrahlen, kurze Zeit als Farblicht eingesetzt, tonisierend auf Gehirn und Bewußtsein.

Wenn andererseits ein Organismus in seinen Funktionen erlahmt, haben Wachstumsstrahlen eine tonisierende, anregende Wirkung. Sie aktivieren die Energiereserven bzw. laden die inneren Batterien auf und stimulieren die Immunkraft. Ist ein Organismus gesund, so wirkt das für kurze Zeit eingesetzte Farblicht wie im Falle der Hemmungsstrahlen tonisierend auf Gehirn und Bewußtsein.

Außer auf den Körper, das heißt auf die Haut und die inneren Organe, wirken Farben auch auf der feinstofflichen, psychischen oder energetischen Ebene. Farben lösen bestimmte Bewußtseinszustände aus. Auf dieser Ebene können aber ebenfalls Entgleisungen stattfinden, so daß wir auch für die Psyche, für die Denkkraft und für die geistige Ausrichtung unseres Lebens Farbimpulse einsetzen können, um ein Zuviel zu sedieren, ein Zuwenig zu tonisieren. Farben haben eine durchdringende Kraft, überschießende Emotionen zu besänftigen und erlahmte anzuregen. Sind bei einem Menschen die Emotionen ausgeglichen, so wirkt das Farblicht auf einer höheren Ebene, der mentalen und spirituellen, anregend auf das Bewußtsein. Die Wirkung von Farben wurde schon in den alten Yogawissenschaften lange vor unserer Zeitrechnung erkannt und für die verschiedenen Yoga-Bewußtseinsschulungen genutzt.

Die Wirkung der Farben auf das menschliche Bewußtsein machten sich britische Yogaforscher und Initiatoren der Sensitivitätsschulung, die als Briten bekanntlich guten Kontakt mit der indischen Kultur hatten, vor 150 Jahren zunutze, als sie eine systematische Schulung der Sensitivität begannen. (Vgl. Sonnenschmidt/Knauss, 1996 b) Sie wählten Übungsräume, die an den Wänden, an der Decke und auf dem Boden Hellgrau gestrichen waren, und beleuchteten diese Räume mit schwachem Blaulicht, Grünlicht, Gelblicht und Rotorangelicht. In diesem Licht saßen die Menschen schweigend, sie meditierten kurze Zeit und übten sich darin, ihre Sinne zu öffnen. Dabei machten sie interessante Erfahrungen von Sinnestäuschungen, aber auch von verfeinerten Wahrnehmungen. Es wurden Protokolle geführt, in denen auch die physisch-psychischen Befindlichkeiten der Übenden festgehalten wurden. Auf diese Weise (*learning by doing*) konnten Gemeinsamkeiten und ein gewisses Maß an Regelmäßigkeiten zusammengetragen werden, die bis heute Gültigkeit haben und alle neueren Farbpsychologien weit überflügeln.

Wenn ich im folgenden die Farben aus der Sicht der Wirkung auf Psyche und Bewußtsein vorstelle, werden stets die positiven und negativen Aspekte genannt. (Vgl S. 52) Der positive Aspekt einer Farbe bedeutet, daß ein Energiefeld ausgewogen ist und das Farblicht das Bewußtsein anregt. Der negative Aspekt weist auf eine Entgleisung in die eine (zuviel) oder andere (zu wenig) Richtung.

Unsere Sprache ist voller Hinweise auf Farben: „Gelb vor Neid", „rot vor Wut", „Der ist mir nicht grün", „Er hat blau gemacht" usw., aber das sind nur grobe Hinweise auf unsere Gefühlswelt. Der tiefere Zugang erschließt sich, wenn wir künstlerisch etwas durch Farben ausdrücken, sei es als Maler oder als Musiker – am besten beides. Wir haben seit Beginn dieses Jahrhunderts unselige Mauern zwischen den Künsten aufgebaut. Jede beansprucht in ihrem Elfenbeinturm Perfektion und Abgrenzung. Ich möchte hoffen, daß auch in Mitteleuropa die Isolierung der einzelnen Turme allmählich so langweilig wird, daß man alle Tore öffnet und wieder den Wind der gegenseitigen Inspiration zuläßt. Ich habe in meiner Laufbahn als Musikerin stets daran gearbeitet, Poesie, Tanz, Malerei und Musik wieder

Tabelle 3

Farbe	*positive Aspekte*	*negative Aspekte*
Rot	**Hier bin ich!, anregend, belebend, energiespendend, Wille, Lebenssaft = Blut, Erdverbundenheit, Stolz, Mut, Tatkraft, Leidenschaft**	**Rechthaberei, Aggression, Zorn, Brutalität**
Orange	**schöpferisch, Liebe, Herzenswärme, macht innerlich weit, Kreativität, Heilungsenergie, Optimismus, Vitalität**	**Selbstsucht, falscher Stolz, Arroganz**
Gelb	**Wissen, Kommunikation, Glücklichsein, Fröhlichkeit, Spiritualität, Gedankenkraft**	**Neid, Gier, Untreue, Mißtrauen**
Grün	**Wachstum, Kreativität, künstlerische Talente, Ausgeglichenheit, Harmonie**	**Eifersucht, Stagnation, Fatalismus, Fanatismus**
Blau	**Hoffnung, Hingabe, Inspiration, Spiritualität, Meditation, Stille, Entspannung, Worte, Schreiben**	**Sorgen, Depression, Launen, Überreaktion, Hysterie**
Indigo	**Gebet, Intuition, Einsamkeit, Hingabe, Glaube**	**zuviel Introvertiertheit, zuviel Tagträumerei, Unglücklichsein**
Violett	**Poesie, Sehertum, Medialität, Reife, Spiritualität**	**Fehlen von Verständnis, Härte, Enge des Denkens, Destruktivität**
Braun	**Erdverbundenheit, Studium, Lernen, Wissen aufnehmen, Fruchtbarkeit**	**Starre, Unbeweglichkeit, Selbstsucht, Geiz, Enttäuschung**
Türkis	**Beweglichkeit, Logik, Veränderung**	**Unschlüssigkeit, Unsicherheit**
Pink	**Liebe, Zuneigung, Selbstlosigkeit, Zärtlichkeit, Sanftmut, Pflege anderer**	**schlechte Abgrenzung gegen andere, mehr geben als nehmen, Ausnutzung**
Grau	**Sicherheit, Vorsicht**	**Müdigkeit, Interesselosigkeit**

zusammenzuführen, und bin eingetreten für das, was die Künste verbindet. Ich habe viele Vorträge zum Thema „Klang als Farbe“ gehalten und dabei vor allem Musikwissenschaftler bisweilen in Verwirrung gebracht. Hierzu ein amüsantes Beispiel: In Stuttgart war ich eingeladen, einen wissenschaftlichen Vortrag über nordindische Musik zu halten. Ich bat den Veranstalter, auf der Einladung unbedingt zu vermerken: Bitte Buntstifte und Zeichenpapier mitbringen! Ich glaube, es sind viele Universitätsangehörige selbst aus Tübingen und Karlsruhe angereist, weil sie wissen wollten, was es mit der merkwürdigen Aufforderung auf sich habe. Als ich dann vor dem Publikum stand, sah ich nicht nur in erwartungsvolle Gesichter, sondern erfreulicherweise auch in viele indische Gesichter, die mich anlachten, weil sie schon ahnten, was kommen würde. (In Indien sind Malerei und Musik seit Jahrtausenden engstens miteinander verknüpft.) Die deutschen Professoren schauten recht ernst und ein wenig verstohlen nach rechts und links, ob beim Nachbarn auch ein Mäppchen mit Buntstiften und ein Zeichenblock zum Vorschein kommen würden.

Ich eröffnete den wissenschaftlichen Vortrag mit dem Hinweis, daß die indische klassische Musik wie keine zweite Musikkultur aus der Verbindung aller Künste entstand und genährt wurde und daß es äußerst langweilig und fruchtlos sei, die „Grammatik“ der indischen Kunstmusik vorzustellen. Es sei viel interessanter, erst einmal selbst eine Erfahrung mit dieser Musik zu machen. Ich legte eine CD mit Musik auf und ermunterte das Publikum, einfach die Musik in Farben auf dem Papier auszudrücken. Es gehe nicht um Malerei, sondern darum, Tonfarben, Klangfarben und Farbtöne in freien Formen auf das Papier zu malen und sich dadurch die Musik zu erschließen.

Sie können sich vorstellen, wie die Universitätsangehörigen stutzten. Sie erwarteten von einer Fachfrau Fachwissen, und nun sollten sie wie die Kinder ihre Buntstifte zücken und irgend etwas auf das Papier bringen. Aber es geschah im Saal eine unglaubliche Verwandlung: von der Gegenüberstellung „Konsument – Entertainer" zu einem gemeinsamen Erleben. Die anwesenden Inder malten mit Begeisterung, und da unter ihnen namhafte Wissenschaftler von verschiedenen Universitäten waren, griffen auch die deutschen Professoren und Studenten bald zum Filzstift und trauten sich, vielleicht zum erstenmal in ihrem Leben, die Mauern zwischen Malerei und Musik, zwischen Farben und Tönen ein wenig abzubauen. Nach 15 Minuten herrschte im Saal eine einzigartige schöpferische Atmosphäre, die Menschen blühten auf, sie durften etwas Eigenes mit einer fremden Musik erleben. Dann folgte die zweite Phase des Staunens, als ich die Zuhörer bat, mal rechts und links beim Nachbarn zu schauen, was sich bei demselben Musikstück an Formen und Farben ergeben habe. Und siehe da, es gab Übereinstimmungen in Farbenwahl und Strukturen! Auf dieser Basis war es viel interessanter, die Wesenszüge der indischen Musik zu erklären, denn jeder von den 168 Anwesenden hatte für sich etwas davon entdeckt und seinen Zugang zur fremden Musikkultur gewonnen.

Bald wurde ich in viele andere Universitätsstädte eingeladen, um über indische Musik zu referieren. Und in den meisten Hochschulen brachten die Besucher die Farbstifte bereits ohne Aufforderung mit!

Ein zweites Erlebnis berührt Ihre eigene Domäne: Ein Oberstudienrat lud mich ein, seine „Leistungsstufe Kunst" zu unterrichten. Die neun jungen Leute fragten mich als erstes provokativ: „Was wollen Sie als Musikerin uns denn über Kunst erzählen?" Ich antwortete: „Gar nichts. Sie werden etwas über Musik erfahren." Immerhin war die aus lauter Einser-Schülern bestehende Gruppe gnädigerweise bereit, mit Farbstiften zu malen. Ich führte folgendes Experiment durch: Jeder Schüler setzte sich so, daß er die Malerei des anderen nicht sah. Ich ermunterte sie, die gehörte Musik in Farbe auszudrücken. Es ging um drei Musikwerke: die „Kleine Nachtmusik" von Mozart, einen nordindischen Morgenraga und einen australischen Didjeridoo-Gesang.

Der Lehrer war zunächst der einzige Begeisterte in der Gruppe, aber ich baue immer auf die latente Kreativität junger Menschen, und so dauerte es auch diesmal nicht lange, bis sie die Fassade der Arroganz fallen ließen und von dem Hören in Farbe fasziniert waren. Wieder war für die Teilnehmer unfaßbar, daß es zwischen den Malereien auffällige Gemeinsamkeiten in Farbwahl und Formen gab. Auch wenn jemand gegenständlich gemalt hatte, ergaben sich Übereinstimmungen zu freien Strukturen und Formen. Dieses Phänomen ist leicht zu erklären, weil das Hören sehr eng mit dem Fühlen verbunden ist. Es entstehen also beim Anhören einer Musik bei allen Zuhörern ähnliche Empfindungen, und wenn diese in Farbe umgesetzt werden, wählt jeder fast automatisch die Farbe, die annähernd das Gefühl auszudrücken vermag. Was aber die Teilnehmer entscheidend beflügelte, war der ausgewogene Einsatz der drei Sinne: Hören, Fühlen, Sehen. Das ist natürlich für einen Künstler selbstverständlich, aber ist es nicht für jeden Menschen wichtig, Kunst mit allen Sinnen zu erfahren?

Eine andere interessante Erfahrung machte ich in Kursen für Konzertbesucher und moderne Komponisten. Ich ließ die Teilnehmer Musik der fünfziger, sechziger und siebziger Jahre malen, und es gab heftige emotionale und körperliche Reaktionen, die man auch von Berufsmusikern kennt, die in einigen deutschen Orchestern vorwiegend moderne klassische Musik spielen, die sehr viel Atonalität, Geräuschanteile und einen schwer erkennbaren, inneren Pulsschlag aufweist. In meinen Kursen wurden die Reaktionen akzeptiert, es durfte darüber gesprochen werden. Vor allem aber entstanden fast ausschließlich farblich und strukturell aggressive Malereien, die teils den Widerwillen gegen moderne Musik allgemein widerspiegelten, teils aber auch ein Versuch waren, diese Musik wirklich zu erleben und sich auf sie einzulassen. Für die anwesenden Komponisten waren die Reaktionen der Kursteilnehmer insofern erschütternd, als sie gegen die gemalte Musik nicht das Argument vorbringen konnten: „Die Leute verstehen nichts von dieser Musik", denn es ging nicht um intellektuelles Verstehen oder Analysieren von Musik, sondern um Erleben. Der positive Effekt meiner Kurse war, daß Musikliebhaber auf kreative Weise eine Chance erhielten, ihre musikalischen Vorlieben und ihren Horizont zu erweitern, denn zweifellos gibt es auch in der klassischen Moderne wahre Kunst.

Kunst wird aus einem inneren Erleben geboren und dient folglich auch dem Betrachter zum inneren Erleben. Erleben umfaßt jedoch nicht nur Hören und Sehen, sondern auch Fühlen. Wenn wenigstens diese drei Sinne eingesetzt werden, erschließt sich *jede* Kunst, ob die der fünfziger oder siebziger Jahre oder die des Mittelalters oder der Papuas auf Neuguinea. Wo immer ich Zuhörern auf Kongressen oder in Seminaren die Gelegenheit gab, Gehörtes in Farben umzusetzen, trauten sich diese Menschen auch, einen Vorwurf zurückzuweisen, der leider in der modernen darstellenden und bildenden Kunst oft geäußert wurde: „Das Publikum ist dumm" und „Das Publikum will verdummt sein". Ich habe in meiner Bühnenlaufbahn noch nie ein dummes Publikum erlebt, wohl aber eine Zuhörerschaft, die mit vielen neuen Klangeindrücken alleingelassen wurde und die nicht mehr gewohnt war, daß sie einen Anteil an einem künstlerischen Prozeß haben darf. Ich habe jahrelang Zuhörer nach meinen eigenen Konzerten befragt, was sie in den zwei Stunden eigentlich empfunden, wahrgenommen hatten. Ihre Antworten waren sehr aufschlußreich. Eines wurde besonders klar: Das Bedürfnis nach ganzheitlichem Erleben ist immens groß. Diesem Bedürfnis können nur wir Musiker auf der Bühne entgegenkommen – wer sonst? Sie als Musikpädagogen können hier einen bedeutenden Beitrag leisten, wenn Sie Ihre Schüler und Studenten Höreindrücke von Musik in Farben umsetzen lassen. Sie aktivieren dadurch auf einfache Weise wieder den Gehörsinn und das Empfinden von Gehörtem, denn diese beiden Sinne werden durch die visuelle Reizüberflutung schon bei Kinder stark vernachlässigt.

Übung 9: Höreindrücke von Musik in Bilder umsetzen

Lassen Sie Ihre Schüler die Höreindrücke von bekannten und unbekannten Musikwerken unserer Kultur, wenn möglich auch Unterhaltungs-, Pop- und Jazzmusik und Musik anderer Kulturen, in Bilder umsetzen.

Das kann sowohl im Schulmusikunterricht geschehen als auch eine Hausaufgabe im Einzelunterricht sein. Sie können so eine interessante Sammlung von Farbeindrücken anlegen und sich selbst davon überzeugen, daß es Übereinstimmungen gibt und daß intuitiv immer wieder die gleichen (in Tabelle 3, Seite 52, angegebenen) Emotionen farblich umgesetzt werden. Ihre Schüler lernen ganzheitliches Hören, indem sie fühlen und das Erlebnis sichtbar machen.

Sie lernen darüber hinaus auch, daß jeder bestimmte Musik leichter erleben kann und daß der Zugang zu einer anderen Musikart für den Betreffenden schwieriger ist. Sie erleben, daß die eigene Befindlichkeit einen Einfluß auf die akustische Wahrnehmung hat, daß es ähnliche Empfindungen und ähnliche Bilder geben kann, aber auch vollkommen unterschiedliche. Auf sehr kreative Weise wird hier Toleranz geübt, indem mehr Sinne angesprochen werden. Es geht in der Tat nicht darum zu entscheiden, wer eine bestimmte Musik „richtig" gemalt hat, sondern um ein gemeinsames und ganzheitliches Erleben von Musik.

Übung 10: Eine Bilderausstellung der „neuen Art"

Diese Übung erfordert von Ihnen ein wenig Initiative, weil es um eine Teamarbeit mit einem Kunstlehrer geht. Warum nicht den ersten Schritt in die Richtung ganzheitlichen Kunstverstehens und -erlebens tun? Sicher finden Sie einen Kollegen oder eine Kollegin, die aufgeschlossen sind. Die gemeinsame Arbeit könnte so aussehen:

Willige und begabte junge Musiker und ebensolche begabten Schüler des Kunst-Leistungskurses machen zusammen eine Ausstellung der im besten Sinne „neuen Art". Lassen Sie die Musiker ein Kammermusikwerk für den nächsten Vorspielabend vorbereiten. Wenn das Werk einstudiert ist, laden Sie die Schüler aus dem Kunstunterricht ein; deren Aufgabe besteht darin, sich von der Musik inspirieren zu lassen und plastisch oder malerisch Ausdruck für ihre Erfahrungen mit der Musik zu finden. Das ist der erste Teil.

Nun sollen einige Werke begabter Schüler des Kunstunterrichts als Grundlage für eine klangliche Inspiration dienen. Nicht jeder Musikschüler kann improvisieren. Aber es muß ja auch nicht ad hoc sein. Vielleicht haben Sie unter Ihren Schülern einen, der ganz gut komponieren kann. Meist sind es mehr, als man denkt. Es geht ja nicht um Sinfonien oder Opern, sondern um einfache Melodien oder Klänge, zum Beispiel am Klavier, auf der Gitarre oder auf der Harfe. Wichtig ist, daß der junge Musiker einmal von seinem Notenblatt wegkommt und sich von Farben und Formen inspirieren läßt.

Das Vorspiel der „anderen Art (= Kunst)" sieht dann so aus, daß die gemalten Impressionen der Kunstschüler im Raum so aufgehängt werden, daß das Publikum die Werke sieht, während die Musiker zunächst das Kammermusikwerk spielen. Anschließend sollten die Musiker ihre Eigenkomposition vorstellen, während vorne auf der Bühne gleichzeitig die Kunstwerke zu sehen sind, die klanglich umgesetzt werden.

Einige Musiklehrer haben dieses Experiment bereits mit durchschlagendem Erfolg vorgeführt. Es fand nicht nur ein Vorspielabend statt, sondern ein Ereignis, das auf umfassende Weise vieles in Bewegung setzte – bei den Schülern selbst, aber auch bei den Lehrern und Eltern. Kein noch so wissenschaftlicher Vortrag über die verbindenden Schwingungen der Künste könnte diese Tat ersetzen. Man muß es erleben. Bei Schülern des Schulmusik-, Instrumental- und Kunstunterrichts kommen plötzlich Talente zum Vorschein, die alle Meinungen Lügen strafen, unsere Jugendlichen wären „Null-Bock-Zombies". Sie gehen ganz selbstverständlich mit ganzheitlichen Denk- und Handlungsprinzipien um, sie verbinden oft sichtbare, hörbare und fühlbare Elemente der Künste so harmonisch miteinander, daß ich oft denke: Wer ist hier der Lehrer? So mancher schlacksige, scheinbar angeödete Teenager, der mir in seiner Torsosprache signalisierte, daß er „keinen Bock auf so'n Kram" hatte, bewies eine Erlebnistiefe in Musik und Farbe, daß ich ihm höchsten Respekt zollte. Das Schöne an den Übungen ist: Man muß nicht belehren, sondern einfach tun lassen. In jedem Fach werden die Schüler mit Worten überflutet, nirgendwo ist das eigene Erleben bis in den letzten Herzenswinkel gefragt. Musik und Kunst sind auch solche Fächer geworden, aus denen man Fakten und Wissensstoff herausholt. Versuchen wir es mit Erleben!

*

Nach diesen „Vorübungen" können wir jetzt mit dem Thema „Farbe und Ton" im engeren Sinne beginnen. In der Musik-Kinesiologie ist das gerade bei Berufsmusikern ein Thema, denn es gibt scheinbar unerklärlichen Streß auf bestimmte Tonarten, Töne und Registerwechsel. Vordergründig werden solche Argumente gebracht wie: „Ich spiele ein B-Instrument, deshalb liegen mir die

Kreuz-Tonarten nicht so" oder „Die Überblastöne sind immer etwas zu eng oder zu weit, das ist eben so" oder „Dieser hohe Ton klingt immer dünn bei mir". Aber alle Argumente ändern nichts an dem Streß, weil die Erfahrungen mit Tönen und Tonarten in die Kinderzeit zurückreichen, als wir noch unsere Finger sortierten und dabei unsere Schwierigkeiten mit bestimmten Griffen und Fingersätzen assoziierten. Wenn ich Jugendliche, die wegen Lampenfieberstreß vor einem Wettbewerb zu mir kommen, frage, was ihnen die Tonart G-Dur sagt, dann bekomme ich die mit einem mitleidigen Blick gepaarte Antwort: „G-Dur hat ein Fis, was denn sonst?" Wenn ich dann noch einmal nachfrage, ob das wirklich alles ist, was G-Dur für sie bedeutet, dann wird der Gesichtsausdruck gänzlich verständnislos. Dann ist es an mir, es sehr zu bedauern, daß sie von einer gewaltigen Klangpersönlichkeit wie G-Dur, die die materielle und geistige Nahrung eines Musikstükkes sein kann, nur das läppische Fis kennen. Staunen und Zweifel mischen sich daraufhin in die Gesichtszüge.

Seit wir die modale Musik hinter uns gelassen und mit wohltemperierter Zufriedenheit den Streß der vielen modalen Affekte mittelalterlicher Musik überwunden haben, gilt die Dur- oder Molltonart nur noch als Skelett eines Musikwerkes, das gerade gut genug ist, das Tonmaterial zu liefern. Der Fokus ist auf die Melodie und die Harmonie gerichtet. Nur noch in Nordindien werden Tonleitern als Klangpersönlichkeiten erlebt. Wenn wir aber eine Tonart wieder als Nährboden für bestimmte Emotionen und Farbtöne erleben, bereichern wir damit das Musizieren. Daß es nicht egal ist, in welcher Tonart ein Werk geschrieben ist, haben wir alle schon erlebt, wenn ein Musikstück transponiert wurde. Ein Tanzlied, ursprünglich in F-Dur geschrieben, klingt in E-Dur völlig anders. Noch viel deutlicher wird dies in der Mittelalter- und Renaissancemusik, da hier noch mehr diejenigen Modi überwiegen, die sich im Transponieren widerspenstiger zeigen und den Charakter eines Werkes völlig verändern können, wenn es nicht mehr in „d", sondern in „g" erklingt. Komponisten des Barock und der Klassik wählten bewußt bestimmte Tonarten aus; in der Romantik und im Impressionismus traten erstmalig gehäuft Tonarten mit vielen Kreuz- und B-Vorzeichen auf.

Wenn ich im folgenden von der Zuordnung der Tonarten zu den Spektralfarben spreche, so begeben wir uns auf eine höhere Ebene des Farbenverständnisses. In allen Hochkulturen wurden Töne und Farben miteinander in Verbindung gebracht. Eine der häufigsten Zuordnungen ist diese (vgl. Sonnenschmidt/Knauss 1996 a, S. 127):

C	entspricht	Rot
D	"	Orange
E	"	Gelb
F	"	Grün
G	"	Blau
A	"	Indigo
H	"	Violett

Die alterierten Töne werden als Schattierungen der jeweiligen Hauptfarbe verstanden.

Ein interessantes Experiment, das ich im Gesangsunterricht unzählige Male zum Erstaunen des Sängers durchgeführt habe, ist die Korrektur der Intonation mittels Farbe. Sang jemand in einem bestimmten musikalischen Zusammenhang einen Ton zu tief oder zu hoch, so bat ich sie oder ihn, sich die entsprechende Tonfarbe vorzustellen oder sie zu empfinden. Vielleicht versuchen Sie das auch einmal bei Kindern und Jugendlichen, sofern sie ein Instrument spielen, das intoniert werden muß.

Wenn wir den Einzelton verlassen und uns der Tonart zuwenden, entfaltet sich ein höchst differenzierter Organismus. Das gilt auch für die Farbe. Hier zunächst einmal die Zuordnung:

C-Dur	entspricht	Rot
D-Dur	"	Orange
E-Dur	"	Gelb
F-Dur	"	Grün
G-Dur	"	Blau
A-Dur	"	Indigo
H-Dur	"	Violett

Alle alterierten Dur- und Molltonarten werden als Schattierungen der Hauptfarbe verstanden, so daß zum Beispiel Cis-Dur ein Rotorange, cis-moll ein dunkleres Rotorange, Des-Dur ein Orangerot oder d-moll ein leicht abgedunkeltes Orange haben. Sie sehen, daß es hier schwierig wird, sich in Farbnuancen auszudrücken, die allgemeinverständlich sind. Ein Maler kann hier selbstverständlicher differenzieren als ein Musiker. Aber das ist auch nicht entscheidend, denn es geht weniger um die eigentliche Farbe, als vielmehr um das innere Wesen einer Tonart. Für das Kind, das erstmalig in die Phase der technischen Übungen wie Tonleiterspielen eintritt, wird aus dem ganzheitlichen Organismus eines Musikstücks ein Teil extrahiert, und es lernt: Das ist D-Dur mit zwei Kreuzen, F und C werden erhöht. Dann beginnt es von C aus chromatisch Tonleitern herauf- und herunterzuspielen, erst alles in Dur, dann alles in Moll. Daran ist nichts auszusetzen, denn in allen Hochkulturen gehört dies zur Ausbildung eines professionellen Musikers, da es die Geläufigkeit der Finger und der Stimme fördert. Aber nun kommt der entscheidende Punkt: Der herausgelöste Teil, die Tonart des ganzheitlichen Musikorganismus, sei er nun modal einstimmig oder harmonikal, muß wieder integriert werden, da er entscheidend zum inneren Wesen des Organismus beiträgt. Werden aber die Tonarten zu Tonleitern ohne Farbe und Charakter, zu einem technischen Element, das beliebig ersetzbar ist, so hat dies eine tiefgreifende Auswirkung auf das Musikwerk in einer bestimmten Tonart. So kommt es auch, daß nur der technische Aspekt wie „D-Dur hat zwei Kreuze" genannt wird, wenn man beispielsweise nach dem Wesen von D-Dur fragt.

Der erste Schritt zum Verständnis, wie Tonart und Farbe zusammenhängen, kann entstehen, wenn ein junger Musiker beim Tonleiterspielen nicht nur an Griffe und Fingersätze denkt, sondern den Charakterwechsel, das stets sich ändernde Licht der Tonfolgen empfindet. In Indien erlebte ich die Instrumentalausbildung hochbegabter Kinder. Sie spielten Tonleitern in Windeseile, aber nicht mechanisch. Sie waren darin geschult, bei jeder neuen Tonleiterrunde eine Farbnuance als Impuls für den geschwinden Verlauf zu nehmen und den Unterschied im Charakter zu spüren. Dieses bildhafte Lernen fördert den Einsatz aller Sinne. Ich erinnere mich an ein winziges Mädchen von sechs Jahren, das auf einer ebenfalls winzigen Sitar übte und mir erklärte: „Wenn es anfängt, nach Chapati (Brotfladen) zu duften, weiß ich, jetzt bin ich wieder bei Sa (entspricht dem Grundton C) angekommen, denn dann wird's heiß!" Einerlei, ob das Kind einfache Tonleitern oder weitschweifige Tonleitergirlanden den Quintenzirkel herauf und herunter spielte, alles war makellos in Rhythmus und Intonation. Was mich aber am meisten beeindruckte, war die vollkommen entspannte Haltung und der Spaß an den Technikübungen, der sich durch die Körpersprache mitteilte. Damals dachte ich nur: So schön können also Tonleiterübungen sein! Ich habe diese Erfahrung sofort umgesetzt, als ich selbst Schüler unterrichtete, und bestätigt gefunden, daß auch deutsche Kinder völlig problemlos ihre fünf Sinne dabei einsetzen können. Indem die Farbe als Energieträger bei einer Tonleiter erhalten bleibt, bleibt auch das ganzheitliche Gefühl für ein Musikstück erhalten, dem eine Tonart als Grundlage dient.

Übung 11: Tonleitern mit fünf Sinnen erfassen
Lassen Sie zunächst Ihre Schüler, die für das Tonleiterspiel reif sind, das Notenblatt kopieren und von C-Dur ausgehend alle Regenbogenfarben mit den entsprechenden Nuancen malen. Es geht nicht darum, daß die Tonleitern vom farbigen Notenblatt gespielt werden, sondern um die Speicherung der Energie, die in einer Farbe steckt. Das Kind ruft noch ganz unvoreingenommen das innere Bild ab und prüft, was es dabei empfindet. Weiter oben in Tabelle 3 finden Sie viele emotionale Aspekte einer Farbe.

Wenn das Kind Ihnen die Tonleitergirlanden mit seinen Farbimpulsen vorspielt, ist es für Sie eine interessante Erfahrung, daß vielleicht acht junge Musiker die gleiche Etüde spielen und daß doch jedesmal die individuelle Art, wie der Impuls Blau, Grün oder Gelb gespielt wird, hervorsticht. Fragen Sie das Kind, bei welchen „Farbtonleitern" es sich besonders wohl und gut fühlt, bei welchen weniger. Regen Sie es sanft an, bei den Tonarten, die nicht so tief oder leicht empfunden werden, das innere Bild mit allen fünf Sinnen zu stärken. Lassen Sie fotoähnliche Bilder ebenso zu wie Gerüche oder Geschmäcke. Ein guter Geschmack bedeutet in der „höheren Oktave" ein gutes Unterscheidungsbewußtsein dafür, was einem gut tut, was nicht, was echt ist und was nicht. Keiner der Sinne ist so eng mit inneren Bildern und Gefühlen verbunden wie der Geruch. Wir erinnern uns des Duftes von Bratäpfeln, und schon steigen Bilder = Erinnerungen an Situationen und Menschen, Räume und Begebenheiten auf. Kinder gehen damit noch „schwerelos" um, wie das kleine indische Mädchen, das nach einer Riesenrunde Tonleitern mit dem Brotfladenduft wieder zum Anfang zurückkehrte.

Übung 12: Jeder Tonart ihre Farbe zuordnen
Wir kommen zum nächsten Schritt, nämlich zur Tonart, in der ein bestimmtes Werk steht. Es ist üblich, daß Harmoniewechsel bis hin zur Modulation in benachbarte oder entlegene andere Tonarten vorkommen, aber es gibt einen sicheren Hafen, eine Heimat, in der das Werk zu Hause ist. Wenn zur Tonart adäquat die Farbe genannt wird, so spielt sich auch dieses auf einer „höheren Oktave" ab. Wir geben dem Musikstück sowohl eine Initialzündung als auch eine Tonfarbe, die einen bestimmten emotionalen Impuls enthält.

Lassen Sie das kopierte Notenblatt eines Musikstücks so bemalen, daß am Anfang, wo nach dem Notenschlüssel die Vorzeichen angegeben sind, die Grundfarbe zu erkennen ist, zum Beispiel Grün für F-Dur. Dann kann das folgende Stück farblich nach Belieben gestaltet werden. Das ist durchaus keine Kinderübung, sondern ideal auch für Studenten und ältere Wettbewerbsteilnehmer. Selbst wenn sie letztendlich auswendig spielen, so dient die Speicherung der farblichen Bewegungen auf dem Notenblatt als Impuls, innerlich beweglich zu bleiben, eben farbenfroh zu musizieren.

Wenn ich junge Musiker in Meisterkursen, Abschlußkonzerten und Examina spielen sehe, bin ich oft erschüttert über die Starre und Versteinerung, die weit entfernt ist von dem, was ich unter Konzentration verstehe: farbenprächtige Gelassenheit. Sie spielen oft perfekt und virtuos, aber es ist alles in Schwarzweiß, eventuell noch mit ein paar Grautönen. Aber insgesamt weichen die Farben aus Gesicht, Körper und Energiefeld. Nur ein Teil der Persönlichkeit spricht, nicht der ganze Mensch. Die meisten haben gar nichts zu sagen und stehen mehr oder wenig zufällig auf der Bühne. Sie sind sehr gute Techniker, aber kein künstlerischer Nachwuchs.

Ganz anders sieht das aus, wenn junge Musiker sich den Zugang zu ihrer inneren Welt erhalten haben und als ganze

Menschen auftreten. Dann schimmert durch sie etwas hindurch, das uns lehrt: Bewußtsein hängt nicht vom Alter ab. In einem kleinen Kind kann ein reifes Bewußtsein, eine reife Seele zum Ausdruck kommen.

Kapitel 4

Integrierte Musikschüler

Mit dieser Thematik steigen wir etwas intensiver in die Kinesiologie ein, weil deren Integrationsübungen bestens dazu beitragen, Körper, Geist und Seele als Einheit zu erleben.

Was ist Kinesiologie? Darüber wurden informative Bücher geschrieben, auch speziell über die Musik-Kinesiologie (siehe Literaturverzeichnis). Im Rahmen dieses Buches möchte ich weniger auf das Muskeltestverfahren eingehen, weil es bei Kindern und Jugendlichen nicht wichtig ist. Der „bewegliche" Anteil, die *kínesis* in dem Begriff der Kinesiologie, ist für unseren Kontext interessanter. Allgemein geht es bei dieser ganzheitlichen Beratungsform um die Integration beider Gehirnhemisphären; diese Integration (= Zusammenspiel, wie im Orchester) hat Auswirkungen auf die Körpermotorik, die Hormonausschüttung unter Belastung und auf die Psyche. Die Angewandte Kinesiologie wie auch das *Touch for Health* (Gesund durch Berühren) gehen davon aus, daß unter Streß das Gleichgewicht aller Körperfunktionen und Befindlichkeiten gestört wird und sich diese Momentaufnahme der Reaktionen im Gehirn als Muster speichert. Entstehen ähnliche Situationen im Leben, reagiert der Mensch mit dem ähnlichen Verhaltensmuster und findet das Muster bestätigt. So entsteht immer mehr der Eindruck, keine Wahl zu haben. Streß haben heißt somit, keine Wahl mehr zu haben. Während die Streßphänomene zunächst energetischer Natur sind und eine akute physischer Reaktion hervorrufen, kann daraus ein chronisches Geschehen entstehen, das auf die Körperebene sinkt und dort handfeste Symptome hervorbringt. So gesehen macht Streß krank.

Was mich jedoch bedenklich stimmt, seit ich mich in der Kinesiologie „hautnah“ mit Streßphänomenen befasse, ist die Tatsache, daß heute buchstäblich alles zum Streß geworden ist. Es wird nicht mehr von Anstrengung oder Belastung gesprochen, sondern nur noch von Streß. Das englische Wort *stress* heißt eigentlich nur „Druck, Nachdruck, Betonung, Schwergewicht, Spannung, Beanspruchung“. Um die modernen Streßphänomene zu verstehen, muß vor diese Begriffe das Wort „Dauer-“ gestellt werden: Dauerdruck, Dauerbelastung oder Dauerspannung. Aber trotzdem ist für mich unfaßbar, was heute alles unter Dauerbelastung und Dauerspannung verstanden wird. Sprach man noch vor 30 Jahren, zu meiner Schulzeit, von Anstrengung in diesem Fach, Spaß in jenem, so faßt man heute die neun oder dreizehn Schuljahre gleich ganz unter den Begriff Streß zusammen: Schule ist Streß. Gab es zur Zeit unserer Eltern körperlich oder geistig anstrengende Berufe, so lautet heute die Gleichung: Beruf ist Streß. Sprach man vor 20 bis 25 Jahren von schwierigen Phasen in der Kindererziehung und Partnerschaft, so hört man heute auch hier: Kinder sind Streß, Partnerschaft = Streß. Ich kann locker hinzufügen: Freizeit = Streß, Musizieren = Streß, Studium = Streß und: Leben überhaupt ist ein einziger Streß. Solche Pauschalurteile habe ich viele Jahre lang in der kinesiologischen Praxis gehört, und ich komme zu dem Fazit: Seit wir mehr Freizeit haben und weniger Eingespanntsein im Beruf, füllen wir jede Minute unseres Lebens mit Streß aus. Wir sind ein Heer lebensuntüchtiger Menschen geworden. Wir sind therapiesüchtig statt lebensfähig. Geradezu groteske Auswüchse unseres Streßbewußtseins zeitigen unsere Kinder und Jugendlichen in den Restbeständen dessen, was wir „Künste“ nennen. Wenn ein Nachwuchsmusiker zu mir sagt: „Mein Streß ist, ich bin so wahnsinnig gut auf der Geige“ oder „Mein Streß ist, ich habe überall 'ne Eins“ oder „Mein Streß ist meine tolle Figur, jeder glotzt mich auf der Bühne an“, dann vergeht selbst mir das Lachen, weil diese und viele andere Äußerungen angesichts immer besserer Zeugnisse und Leistungen das ganze Ausmaß der Lebensuntüchtigkeit, der krankhaften Gier nach Lob vor Augen führt. Eigentlich sollte ich als Lebensberaterin ja glücklich sein über meinen absolut krisensicheren Beruf, aber es kostet mich in jedem Kurs, Workshop, Seminar und Vortrag jedes Quäntchen positiven Denkens, ein glücklicher Mensch zu bleiben, trotz der Anstrengung, Belastung und Spannung. Streß gerade bei jungen Menschen abzulösen erscheint mir oft als das Kratzen an der Oberfläche, weil die Wurzeln, die Lebenskraft, der Lebenswille und die Lebensfreude, die ganz natürliche Bereitschaft, zum Leben ja zu sagen, bereits krank sind. Es fehlt die Erfahrung, aber auch die Bereitschaft anzuerkennen, daß es ein Privileg ist, keinen Krieg, keine Armut zu haben, wie noch unsere Eltern sie kannten. Trotz Krieg und Armut: Ich kann mich nicht entsinnen, jemals von meinen Eltern oder Großeltern das Wort „Streß" oder „Dauerdruck" oder „Dauerbelastung" gehört zu haben, obgleich sie sehr hart arbeiten mußten, um aus dem Nichts eine Existenz, eine Lebensgrundlage aufzubauen. Es gab harte Zeiten, schwierige Zeiten, anstrengende Zeiten, aber die temporäre Angabe hatte noch etwas mit der Akzeptanz von Lebenszyklen, hatte wenigstens ansatzweise noch etwas mit Lebensphasen zu tun. Es wird heute viel von fehlender Perspektive für die Jugendlichen gesprochen, um ihre „Null-Bock-Haltung" zu entschuldigen. Es wird die Umweltverseuchung als Erklärung herbeizitiert, um die vielen Krankheiten und Schwächungen der Lebensenergie zu erklären. Kurzum: wir finden unzählige Erklärungen, um die Eigenverantwortung und die Eigenautorität für das eigene Leben aus reiner Bequemlichkeit abzugeben. So ist keiner verantwortlich für das, was geschieht, und jeder doch schuldig, weil es immer einen gibt, der meint, ein anderer sei verantwortlich und schuld an der Misere. Ich knüpfe mit dieser Kritik an Kapitel 1 an, das uns das positive Denken wieder näher bringen soll, weil sozusagen alles im westlichen Bewußtsein bereit ist, durch den Filter des negativen Denkens zu laufen. Das permanente negative Denken schafft in der Tat das Heer gestreßter Menschen, die keinen Schritt mehr unternehmen, ohne gleich zu bemerken, daß es aber ein gewaltiger Streß sei, diesen Schritt zu tun. Stagnation der Lebensenergie ist die Folge.

Genug der Bestandsaufnahme zu Streßphänomenen, jeder kennt sie ja aus eigener Anschauung. Ich möchte Ihnen nicht vorenthalten, wie ich meine eigene Sicht des Stresses aufgelöst habe; durch Musik- und Universitätsstudium begegnete ich ja geistigen Streßformen *par excellence.* Ich gehörte zu jenen mit einem mittelprächtigen Zeugnis, das mein Vater kommentierte: „Die Vier (= ausreichend) ist die Zwei (= gut) des kleinen Mannes." Ich danke ihm noch heute für diesen weisen Satz. Ich lernte viele Menschen kennen, deren „Startkapital" lauter Einser waren und die mir dennoch vor Augen führten, daß Noten nicht die wahren Fähigkeiten widerspiegeln.

Ich habe mir also erlaubt, die Einser in allen Prüfungen und Abschlüssen zu ignorieren und nur zu beobachten, wie ein Mensch das lebt, was er sagt, und wie er beschreibt, was er lebt. Meine Befreiung von dem Meßlattenkorsett der Ausbildung, von dem hierarchischen Einteilen in begabte „Einser" und unbegabte „Vierer", führte zu einem anderen Menschenbild, nämlich zu einem ganzheitlichen. Für dieses spielen Titel und Instrumentarien – dies vor allem in der Medizin – keine Rolle, sondern nur noch der Umgang mit dem eigenen Leben, mit der Eigenverantwortung und -autorität für das eigene Leben.

Als Musikpädagogen sind Sie an den „Startblöcken" der Musikerlaufbahn tätig und sind gerade bei Kindern die wichtigste Autorität und das wichtigste Vorbild. Ihre Arbeit verdient höchste Würdigung. Diese Würdigung fängt bei Ihnen selbst an. Wenn Sie in der Lage sind, ganzheitlich wahrzunehmen, im Denken und

Musizieren integriert zu sein, riskieren Sie, daß die Meßlatten und Leistungspegel, das ganze Wertesystem der Musikszene für Sie ins Wanken gerät. Seit in der Musik-Kinesiologie-Ausbildung bei so vielen vormals frustrierten Musikern bzw. Bühnenkünstlern Lebensenergie und schöpferische Kraft sowie Selbstbewußtsein wiedergekehrt ist, sehe ich, wie gut es ist, sehr kritisch das Leistungsgebäude zu durchleuchten, aber nicht bei der Kritik stehenzubleiben, sondern ganz vorne oder ganz unten (wie man will) etwas zu bewegen.

Damit sind wir beim Thema. Wir werden etwas bewegen, nämlich den Körper, damit die Integration besonders dort erlebbar wird, wo Sie als Musikpädagogen allenthalben mangelnde Integration und Streß vorfinden. Ich lege Ihnen ans Herz, das Buch *Bewegung – das Tor zum Lernen* zu lesen. (Hannaford, 1997) Darin finden Sie viele gute Erklärungen und Anleitungen zum integrierten Lernen. Ich möchte hier nicht die auch darin vorgestellten „Brain-Gym®-Übungen“ von Paul Dennison wiederholen, sondern eine musikalische Variante anbieten, die zudem die Verbindung von Atem, Sprache und Körperintegration beschreibt. Die ständig zunehmende Unfähigkeit von Kindern, sich rhythmisch zu bewegen, wird damit auch behoben.

Die Übungen dienen erst einmal *Ihnen* dazu, Streß abzubauen und zu durchschauen, was wirklich noch als echter Streß übrigbleibt, nachdem die Scheinstressoren oder mangelnden Belastbarkeiten verschwunden sind. Dann geben Sie die Übungen an Ihre Schüler und Studenten weiter und sehen, wie wenig echter Streß übrigbleibt.

Übung 13: Überkreuz- und Lateralgehen auf der Stelle

Das ist die Grundübung, die Zuhören, Lesen, Schreiben und Gedächtnis ins Lot bringt.

1. Schritt:
Überkreuzen Sie eine gedachte Mittellinie Ihres Körpers, indem Sie auf der Stelle „gehen", „marschieren" oder tanzen und dabei den rechten Ellenbogen mit dem linken Knie und den linken Ellenbogen mit dem rechten Knie berühren, immer abwechselnd, ein paar Minuten lang. Halten Sie dabei den Kopf gerade. Dies nenne ich Überkreuzgehen.

2. Schritt:
Wechseln Sie die Bewegungsweise, indem Sie abwechselnd das rechte Bein zusammen mit dem rechten Arm und das linke Bein zusammen mit dem linken Arm heben. Das nenne ich „homolaterales Gehen".

3. Schritt:
Kombinieren Sie beide Bewegungsweisen, indem Sie mit dem Überkreuzgehen beginnen und zum Homolateralgehen wechseln, dann wieder zurück, usw. Sie werden erleben, daß dies zu Beginn etwas holperig wirkt, weil das Umschalten nicht reibungslos funktioniert. Üben Sie erst diese Übergänge, bis Sie völlig problemlos abwechseln. Dann folgt die Erweiterung zur großen Integrationsübung.

4. Schritt:
Beim Überkreuzgehen halten Sie den Kopf gerade und schauen mit den Augen nach links oben, während Sie summen. (Musikalische Variante)

Beim Homolateralgehen halten Sie den Kopf gerade, schauen mit den Augen nach unten rechts und zählen dabei laut von 1 bis 6, 7 oder 8.

Die große Integration ist „komplett", wenn Sie nun von diesem Überkreuzgang mit Summen nahtlos wechseln zum Homolateralgang mit lautem Zählen. Diese Übung beginnt und endet immer mit dem Überkreuzgehen! (Bei dieser Übung handelt es sich um eine Abwandlung der „Dennison-Lateralitätsbahnung“, vgl. Dennison, 1996 a. Anmerkung des Verlags)

Übung 14: Thymusklopfen

Klopfen Sie den Thymus, indem Sie die Stelle (etwa drei Fingerbreit unterhalb der Kehlgrube, auf dem Brustbein) mit zusammengehaltenen Fingerspitzen sanft betupfen. Es sollte ein sonorer Klang zu hören sein.

Der Thymus ist eine Drüse, in der die lebenswichtigen T-Helferzellen unseres Lymphsystems für spezielle Zwecke der Immunkraft ausreifen. Als energetisches Zentrum stellt der Thymus auch die Schaltstelle der Meridiane (Energiekanäle) dar. Schließlich drücken wir, wenn wir mit der Hand auf den Thymus weisen und damit die „Ich-Geste“ ausführen, unsere Identität aus.

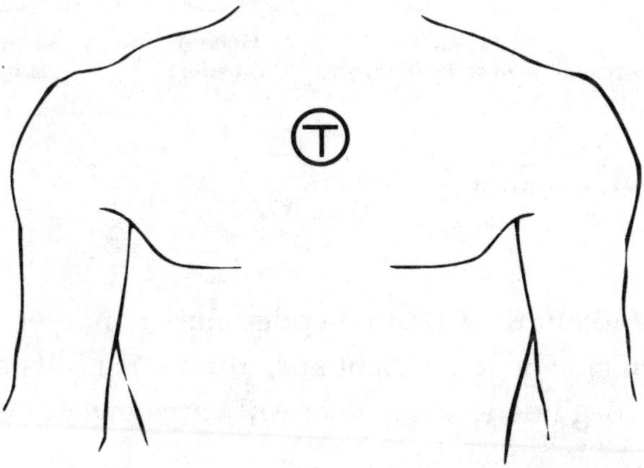

Abbildung: Lage der Thymusdrüse

Übung 15: Kreis und liegende Acht als Augenbewegung
Folgen Sie mit Ihren Augen den vor den Augen kreisenden Fingern, ohne den Kopf zu bewegen. Führen Sie dies ein paarmal im Uhrzeigersinn und dann gegen den Uhrzeigersinn aus. Dadurch werden alle visuellen, auditiven und emotionalen Verarbeitungszentren des Gehirns aktiviert.

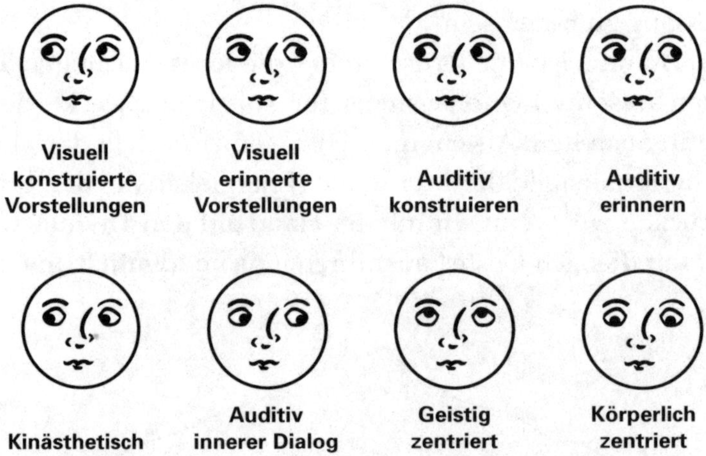

Abbildung: Augenmodi

Führen Sie mit dem Daumen oder einem anderen Finger vor Ihren Augen eine liegende Acht aus, mit der Schnittstelle auf der Nasenhöhe. Beginnen Sie mit einer Aufwärtsbewegung nach links oder rechts.

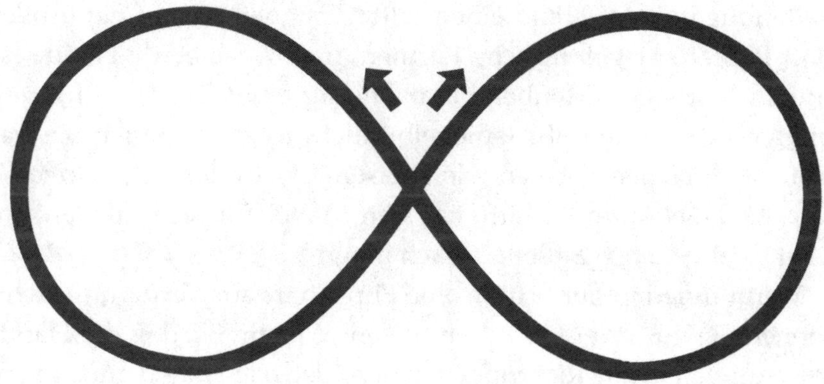

Abbildung: Liegende Acht

Übung 16: Die Ohren „einschalten"
Greifen Sie Ihre linke Ohrmuschel mit der linken und die rechte Ohrmuschel mit der rechten Hand und massieren Sie sie kräftig von unten nach oben und wieder zurück. Das Ohr ist eine Widerspiegelung (Somatotopie) des Körpers; durch die Massage senden Sie daher Signale an Organe, an Muskeln und natürlich an das Hörzentrum. (Diese Übung entspricht der Brain-Gym®-Übung „Denkmütze". Anmerkung des Verlags)

Übung 17: Simultanes Figurenmalen

Halten Sie in jeder Hand einen Stift. Zeichnen Sie auf ein großes Blatt Papier spiegelbildliche Formen, indem Sie beide Hände simultan bewegen. Erlauben Sie dabei der einen Hand zu führen, während die andere ihr (spiegelbildlich) folgt. Beginnen Sie mit großen, einfachen Formen wie Kreisen, Quadraten oder Dreiecken. Anfangs kann es hilfreich sein, dabei für sich zu denken: „Auf, ... ab, ... nach außen, ... nach innen ..."

Wenn Ihnen in der Schule eine Flip-Chart zur Verfügung steht, können Sie mit zwei Filzstiften malen. Wichtig ist, daß die Handbewegungen in alle Richtungen gehen, also nach innen und außen, gegen und im Uhrzeigersinn. (Diese Übung entspricht der Brain-Gym®-Übung „Simultanzeichnen". Anmerkung des Verlags)

*

Nun kommen wir zu mehr musikbezogenen Übungen, die Ihnen die fünf grundlegenden Versmaße in Erinnerung rufen.

Übung 18: Rhythmische Körperbewegung im Jambus

Der Jambus: ◡ —

Seine Bewegung geht von der Leichte (Hebung des Fußes) in die Schwere über (Senkung des Fußes). Man ordnet ihm die Schöpfungsfreude zu. In der Musik entspricht der *Auftakt* dem Jambus.

Nun sprechen Sie den Satz „Es tanzt ein Bi-Ba-Butzemann in unserm Kreis herum" und fassen Sie mit den Händen so in die Taille, daß Ihre Ellenbogen seitlich abstehen. Nun gehen Sie durch den Raum in dem Bewußtsein, daß das Anheben des Beines der jambischen Hebung und der Schritt der jambischen Senkung entspricht. Achten Sie darauf, daß beim Voranschreiten des linken Fußes die rechte Schulter und der rechte Ellenbogen nach vorne schwingen und daß beim Voranschreiten des rechten Fußes die linke Schulter und der linke Ellenbogen nach vorne schwingen. So entsteht auch hier eine Überkreuzbewegung.

Übung 19: Rhythmische Körperbewegung im Trochäus

Der Trochäus: — ◡

Seine Bewegung gilt als die des Läufers; er ist der Gegenpart zum Jambus. Ihm wird das Besinnliche und Nachdenkliche zugeordnet. In der Musik entspricht der Volltakt dem Trochäus.

Fassen Sie mit den Händen wieder seitlich in die Taille und sprechen Sie beim Gehen: „Dieser Fall scheint klar zu liegen." Achten Sie darauf, daß das Voranschreiten des rechten Fußes mit dem Vorschwingen der linken Schulter und des Ellenbogens und daß das Voranschreiten des linken Fußes mit dem Vorschwingen der rechten Schulter und des Ellenbogens gekoppelt ist. –

Während bei Jambus und Trochäus die Hebung und Senkung dem natürlichen Heben und Senken der schreitenden Beine entspricht, ändert sich die Gangart bei den folgenden Übungen insofern, als man bei der Hebung auf dem Fußballen und bei der Senkung fersenbetont geht.

Übung 20: Rhythmische Körperbewegung im Anapäst

Der Anapäst: ◡ ◡ —

Seine Bewegung stellt das Vorwärtsdrängende, den „Stürmer" dar. Die schöpferische Kraft erhält zusätzliche Energie und entwickelt eine kühne Wucht. Diese gesteigerte Kraft gibt Lebensschwung und eine gewisse Kampfeslust. Sowohl in der indogermanischen Ursprache Sanskrit als auch im Altgriechischen wurde dieser Versfuß genutzt, um Spottlust zu äußern, im Sinne von „über das Ziel hinausschießen".

Sie beginnen mit den Hebungen, machen also zwei kleine Schritte auf den Fußballen, und senken dann den Fuß beim dritten Schritt ganz auf den Boden. Diese Übung wechselt in überkreuzender Bewegung ständig die betonte Seite. Sprechen Sie während des Gehens: „Bleib mal stehn, mach mal Platz!" Die Arme werden wieder seitlich angewinkelt, indem Sie mit den Händen in die Taille fassen.

Übung 21: Rhythmische Körperbewegung im Daktylus

Der Daktylus: — ◡ ◡

Seine Bewegung ist die Umkehrung des Anapäst, zur Beschaulichkeit im Schreiten. Die irdische Enge wird zugunsten eines erhöhten Standpunkts verlassen, man gewinnt damit einen besseren Überblick. Imagination und innere Vision werden dadurch gefördert.

Sie beginnen mit einem Schritt, bei dem der ganze Fuß die Erde berührt, und gehen dann zwei Schritte auf den Fußballen. Sprechen Sie den Satz „Immer nur lächeln und immer vergnügt bleiben", während Sie die überkreuzenden Bewegungen im Raum durchführen. Wie beim Anapäst wechselt die Betonung der rechten und linken Körperseite.

Übung 22: Rhythmische Körperbewegung im Amphibrachis

Der Amphibrachis: ◡ ◡ — ◡

Dieser Bewegung liegt eine abwartende, abwägende Haltung zugrunde. Die dynamische Willensenergie des Anapäst wird gemildert, was Besonnenheit und Zögern im positiven Sinne ergibt.

Sie beginnen mit zwei Schritten auf den Fußballen, setzen für einen Schritt den Fuß ganz auf, heben den nächsten Fuß wieder für eine Hebung und fügen zwei weitere Hebungen für den Neubeginn an. Sprechen Sie beim Gehen fortlaufend den Satz: „Auf der Weide grasen Kühe“, während die in die Seiten gestemmten, angewinkelten Arme nach rechts und links mitschwingen.

*

Sie werden sehen, daß die Versmaßübungen gar nicht so einfach sind, wie sie anmuten. Ich mache sie nicht nur mit Kindern, sondern mit jedem Berufsmusiker, der rhythmische oder/und Atemprobleme hat. Es wächst durch diese Übungen unmerklich auch wieder ein Sprachgefühl heran, das vor allem bei Jugendlichen oft fehlt. Kleine Kinder lernen Sprechen durch Körperbewegungen. In der Schule hört das in der Regel leider auf. Auch die Musik wird nicht als Körpersprache erlebt (wenn das Kind nicht gerade beim Ballett ist), so daß die verordnete Bewegungslosigkeit den schleichenden Verlust des natürlichen Rhythmusgefühls herbeiführt. Wenn Sie diese Rhythmusübungen mit Ihren Schülern machen, ermuntern Sie sie, selber Sätze zu finden, die dem Versmaß entsprechen.

Wir kommen jetzt zu weiteren Integrationsübungen.

Übung 23: Inneres Hören und Auswendiglernen mit der liegenden Acht

Wählen Sie eine Vorlage, die Sie auswendig lernen möchten, vielleicht ein neues Musikstück. Spielen Sie es so weit vom Blatt, wie das problemlos geht.

Legen Sie Ihr Instrument zur Seite und „malen“ Sie über dem Notenblatt in der Luft eine liegende Acht, die Sie mit den Augen verfolgen. Wiederholen Sie die Acht, während Sie mit den inneren Ohren sich an das Gespielte zu erinnern versuchen. Dann spielen

Sie erneut die Passage von vorher. Wiederholen Sie den Ablauf mehrere Male. Sie werden bemerken, wie sich das Musikstück ganzheitlich einzuprägen beginnt. Letztendlich ist das eine sehr zeitsparende Methode, die Sie auch Ihren Schülern vermitteln können.

Eine weitere Variation des „Achtermalens" in der Luft dient zugleich dem Ausbalancieren Ihrer Handarbeit. Bei einigen Instrumenten wie Geige, Bratsche, Cello, Baß, Gambe, Gitarre sind die Aufgaben beider Hände verschieden. Die Hände sind die ausführenden Organe der Gehirntätigkeit, und hierbei ist eine hohe Koordinationsgabe erforderlich. Das kann bei mangelndem Ausgleich nicht nur zu Einschränkungen der Feinmotorik der einen oder anderen Hand führen, sondern auch zu Fehlhaltungen des Oberarm- und Schulterbereichs.

Eine mehrfach geschlungene Acht ergibt sich bei einer Übung, die in der Musik-Kinesiologie immer wieder für großes Staunen sorgt. Sie heißt Dreidimensionalitätsbalance und ist so aufgebaut, daß sie ein überdimensionales Gehirn mit seinen integrativen Elementen nachzeichnet:

Übung 24: Dreidimensionalität in der Körperbewegung
Suchen Sie sich eine freie Bodenfläche, auf der Sie einen circa zwei bis drei Meter langen Faden hinlegen können. Stellen Sie sich an das eine Ende des Fadens, zum Beispiel auf dessen rechte Seite, und beginnen Sie, den Faden zu überschreiten, indem Sie zum Beispiel mit dem rechten Bein anfangen, nach links hinüberschreiten, dabei elastisch in die Knie gehen und den rechten Arm ganz natürlich mit nach links schwingen lassen. Dann schreiten Sie mit dem linken Fuß nach rechts hinüber und nehmen ganz natürlich den linken Arm mit. Dann folgen wieder rechter Fuß und rechter Arm nach links, linker Fuß und Arm nach rechts usw.

Wenn Sie am Ende des Fadens angekommen sind, kehren Sie um, und gehen Sie so lange im Überkreuzgang entlang des Fadens hin und her, bis Sie mit gerader Wirbelsäule, aufrechten Hauptes, wie eine Königin oder ein König, elegant und elastisch diese Linie im Vorwärtsgehen überkreuzen können. Die Arme schwingen gleichmäßig mit, und bei jeder Überkreuzung gehen Sie sanft in die Knie.

Diese Übung bewirkt in ihrer Dreidimensionalität eine vernetzte und harmonische Gehirntätigkeit.

Im folgenden werden Sie einige bemerkenswerte Übungen auf dieser Basis kennenlernen und dabei erleben, wie tiefgreifend die Körpermotorik und die Sinneswahrnehmungen von einer harmonischen Überkreuzung abhängen und wie auf einfache Weise Streß abgebaut werden kann. (Ich setze voraus, Sie haben die Dreidimensionalitätsübung so oft ausgeführt, daß sie problemlos läuft.)

Übung 25: Den Puls der Musik finden

Wir gehen zunächst einmal von einem transportablen Instrument aus. Wählen Sie ein Musikstück aus, an dem Sie noch arbeiten. Spielen Sie zunächst eine Passage so, wie Sie es gewohnt sind, vor allem in dem gewünschten Tempo. Nun gehen Sie während des Spielens (oder Singens) den Faden (oder eine sonstige Linie) entlang und überkreuzen ihn mit den Füßen, wobei die Bewegung der Beine dem inneren Puls der Musik entsprechen soll. Spielen Sie zum Beispiel „auf Ganze“, so sollten die Beine in dieser langsamen, gleichmäßigen Bewegung die Linie überkreuzen. Sie werden die Erfahrung machen, daß der innere Puls der Musik etwas anderes ist als das übliche Tempogeben oder der Takt. Unter dem Puls versteht man die Lebensader, die das Werk ernährt, über die sich Tempo, Rhythmus und Melodie schichten. Diesen Puls machen wir durch die Übung spürbar. Wenn etwas in uns aus dem Rhythmus gekommen ist, wirkt sich das auf das Körperempfinden aus. Sie verlieren vielleicht das Gleichgewicht oder können plötzlich eine Stelle nicht gut spielen oder was auch immer. Üben Sie einfach weiter, gleichförmig pulsierend die Linie zu überkreuzen, während Sie Ihre Musik spielen. Was zunächst schwierig erscheint, löst sich mit einem Mal in ein gutes Klanggefühl, eine Balance auf. Was zunächst unmöglich erscheint, wird wahr: Der Atem wird länger und tiefer, obgleich es anstrengend ist, bei dieser Bewegung zu singen oder zu spielen.

Ich führe diese Übung sehr oft einem Auditorium vor, weil hierbei der Musiker oder Musikpädagoge, der spielend die Linie überkreuzt, das beste Feedback von außen bekommt. Tatsächlich ändert sich der Klang, es werden größere musikalische Zusammenhänge klar, und insgesamt sind Musiker und Musik näher beisammen.

Ich selbst habe diese Übung jahrelang angewendet, um ein neues Repertoire von Anbeginn in Körper und Geist zu integrieren und auswendig zu lernen. Ein so einstudiertes Werk ist nicht nur im Gehirn, sondern im ganzen Körper melodisch und rhythmisch gespeichert. Manche Menschen haben ein fotografisches Gedächtnis, andere ein auditives oder ein aus beiden Fähigkeiten gemischtes. Aber es geht ja darum, das Werk als Ganzes in sich zu wissen, damit keine „Fallouts“ oder gar „Blackouts“ entstehen. Solche Störungen des musikalischen Flusses können nur entstehen, wenn das Gehirn beim Lernen nicht integriert war. Die große Integrationsübung verhilft dazu, jede Nuance des Werkes mit *beiden* Gehirnhälften zu lernen und somit gar keinen Streß aufkommen zu lassen. Ich habe oft den entscheidenden Unterschied gespürt, wenn ich Arien im Konzert sang, die ich „auf der Linie“ erarbeitet hatte, und solche, die ich einfach auswendig konnte, weil ich sie schon oft gesungen hatte. Im ersteren Fall kam nicht einmal der Schatten der Befürchtung auf, ich könnte einen Einsatz verpassen oder eine Atemstelle übersingen oder nicht genügend Kraft für eine lange Kantilene haben. Es war einfach keine negative Idee im Ablauf der Arien gespeichert. Im zweiten Falle konnte durchaus ein winziger Blackout vorkommen, obgleich es keinen Grund dafür gab. Was ist der Grund?

Beim Lernen nach konventionellem Muster wiederholen wir eine Stelle, die nicht auf Anhieb gelingt, so lange, bis sie „sitzt". Wenn die Wiederholung zu lange dauert oder zu oft notwendig wird, tauchen sofort Streßbilder auf, zum Beispiel: „Vielleicht schaffe ich diese Stelle nie"; oder Sie bauen schon lange, bevor Sie an diese Stelle kommen, eine Mauer aus Angst, nicht über diese Hürde zu kommen, straucheln prompt und sagen dann: „Ich habe es ja gewußt, es mußte passieren!" Diese Stelle entwickelt sich zu einem Streßfeld, das Sie durch wiederholtes Üben zu meistern versuchen. Aber alles wird nur schlimmer. Schließlich befällt Sie schon die Panik, wenn Sie nur an das Stück denken, und es kommt zu Versagensängsten: „Es hat hier nicht geklappt, es klappt überhaupt nichts mehr." In dem Maße, wie wir linear lernen, bauen wir auch linear ein Streßfeld auf. Warum suchen wir den umständlicheren Weg des Lernens und diesen Leidensdruck, ausgerechnet in der Kunst, die jahrtausendelang das Produkt von Ganzheitlichkeit war. Nur in unserem Jahrhundert kamen wir auf die Idee, die Natürlichkeit gegen das Artifizielle auszutauschen, indem wir seit den fünfziger Jahren Musik bevorzugt analytisch und linear auswendig lernten. Das führte in eine Sackgasse, aus der wir erst heute, Jahrzehnte später, wieder versuchen herauszufinden. Es gab immer wieder, beispielsweise durch das Studienfach „Rhythmik", Anregungen dazu, den Körper in den Prozeß des Lernens von Musikwerken einzubeziehen, aber der eigentliche Durchbruch kam mit der Kinesiologie, die einfache Übungen anbot, mit denen man Körper und Geist integrieren und die

Qualitäten der rechten und linken Gehirnhemisphären ausschöpfen kann. Dadurch eröffneten sich auch neue Möglichkeiten, bildhaft oder in der Körperbewegung Musikwerke auswendig zu lernen. Vor allem in der Musikpädagogik ist die Erkenntnis wichtig, daß Lernen ein rhythmischer Vorgang ist, der von einem Lebenspuls getragen wird. Eben dies spiegelt sich in der Übung wider. Machen Sie selbst die Erfahrung, indem Sie ein neues Musikstück folgendermaßen erarbeiten:

Übung 26: Ein Musikstück lernen – für transportable Instrumente

Sie spielen von einem neuen Werk einen Ausschnitt, den Sie gut memorieren können. Diese Passage wiederholen Sie, während Sie die Linie überschreiten, wie oben beschrieben. Entscheiden Sie sich vorab für eine bestimmte Pulsfrequenz oder experimentieren Sie damit, bei welchem Puls die Akzente oder der melodische Bogen sich am besten entfalten.

Dann spielen Sie die nächste Passage und verfahren in der gleichen Weise wie bei der ersten. Wenn sie „sitzt“, spielen Sie von Anfang an bis zu dieser Passage. Taucht eine Schwierigkeit auf, dann achten Sie darauf, daß Sie wirklich elastisch in die Knie gehen. Es ist nämlich typisch, daß wir sofort mit steifen Knien reagieren, wenn eine Stelle schwierig erscheint. „Er-gehen“ Sie diese Stelle im buchstäblichen Sinne. Das bedarf vielleicht vier Wiederholungen, aber meistens lernt der Körper es schneller, selbst bei komplizierten rhythmischen Stellen oder extremen Höhen. Warum? Weil der Lebenspuls fließt, weil wir nicht mehr stagnieren, sondern die vermeintlichen Schwierigkeiten integrieren. Auf der Linie lernen wir ganzheitlich mit Geist *und* Körper! Nicht allein, daß die Erarbeitung eines Werkes im Überkreuzgang wesentlich ökonomischer hinsichtlich des Zeit- und Energieaufwandes ist; es wächst auch die Zuversicht, das neue Werk zu meistern, tiefer in es einzudringen, mit ihm zusammenzuwachsen.

Machen Sie nach einer Weile die Probe, indem Sie im Stehen das Werk so weit spielen, wie Sie es „er-gangen" haben. Da Ihr Körper die vielen harmonischen Bewegungen gespeichert hat, können Sie das Gefühl dafür auch abrufen, wenn Sie sich nicht mehr bewegen. Man kann von außen sehen, daß Ihre Körpersprache anders, schöner, harmonischer, der Musik angemessener ist, wenn Sie vorher die Überkreuzübung gemacht haben. Wenn Sie fortfahren, die noch nicht ergangenen Teile des Werkes zu spielen, werden Sie deutlich fühlen, daß hier noch die Integration fehlt, daß der Ton flacher wird und womöglich wieder alte Unsicherheiten aufkreuzen. Noch eine Entdeckung werden Sie machen: Nach dem integrativen Erschließen eines Werkes fühlen Sie sich erfrischt und positiv, Ihre Atemzüge sind länger und tiefer. Als Sängerin ist man erstaunt, wie „leichtfüßig" selbst lange Koloraturen, schwindelnde Höhen oder komplizierte Rhythmen gelingen und daß die Vorstellung, nicht genug Luft zu haben, völlig verschwindet.

Dazu eine amüsante Begebenheit:

Eine Sopranistin nahm an einer Einführung in die Musik-Kinesiologie teil und meldete sich freiwillig zur Dreidimensionalitätsbalance. Sie klagte über eine hohe Stelle im „Elias" von Mendelssohn. Ich bat sie, die Überkreuzübung zuerst ohne Gesang auszuprobieren, und sagte, sie möge möglichst tief in die Knie gehen und elastisch, harmonisch nach rechts und links schwingen. Brigitte tat das wunderbar. Sie war begeistert und sehr beschäftigt, die Übung möglichst elegant auszuführen. Dann bat ich sie, jene Passage zu singen, die die vermeintlich schwere Stelle enthielt. Es tat sich eine gewaltige Stimme auf, die völlig problemlos die hohe Stelle sang. Aber Brigitte war so damit beschäftigt, den Puls der Musik gehend nachzuvollziehen, daß Sie es gar nicht bemerkte. Sie wiederholte die Überkreuzübung ein paar Mal und sang dabei die besagte Stelle stets einwandfrei. Dann fragte ich sie, was nun mit der schwierigen Stelle sei. „Schwere Stelle?", fragte sie ganz verdutzt, „ach so, die habe ich völlig vergessen. Da ist überhaupt nichts mehr schwierig!" Die Zuhörer hatten das schon beim erstenmal festgestellt, aber es ging nicht um eine Stelle, sondern darum, eine komplizierte Phrase zu einer Einheit heranreifen zu hören, und das war wirklich bemerkenswert. Brigitte wollte anfangs wegen dieser einen Stelle den „Elias" nicht mehr singen. Nach der Entstressung und Balancierung „auf der Linie" sagte sie: „Wie freue ich mich jetzt auf den nächsten ‚Elias'!" Es folgten noch viele Aufführungen, und sie ließ uns das Feedback zukommen, daß sie den gesamten Sopranpart überkreuzgehend erarbeitet habe und daß das alles in jeder Zelle „sitze".

Das ist kein Einzelfall; über Jahre hinweg erhalte ich Feedback von Musikern aller Stilrichtungen und Instrumente, daß sie sich unvergleichlich wohler fühlen, wenn sie ein Werk ergehen.

Was ist nun, wenn wir das Instrument nicht transportieren können, wie zum Beispiel beim Klavier, bei der klassischen Gitarre, bei Harfe, Xylophon, Baß oder Cello?

Übung 27: Ein Musikstück lernen – für nichttransportable Instrumente

Sie wählen ein neues Musikwerk, spielen eine Passage, soweit Sie memorieren können, und stehen auf. Während Sie die Linie überkreuzen, singen Sie oder zeichnen Sie mit der Stimme ungefähr den Verlauf der Melodie nach. Wichtig sind die Tongebung und der Puls, in dem Sie das Werk spielen wollen. Fahren Sie fort, Phrase für Phrase erst auf Ihrem Instrument zu spielen und dann singend auf der Linie zu ergehen. Kommen Sie an eine „schwierige Stelle", dann spielen Sie sie nicht tausendmal auf dem Instrument, sondern wiederholen Sie sie nur auf der Linie, bis Sie das

Gefühl haben, jetzt sei sie klar. Dann probieren Sie sie auf dem Instrument.

Grundsätzlich haben Sie ja immer die Kontrolle, wie weit Sie die Phrasen oder Teile des Musikwerkes verinnerlicht haben, weil Sie zum Instrument zurückkehren müssen und dort spüren, was sich getan hat. Auch in diesem Falle lernen Sie, ein Stück ökonomisch zu erarbeiten und die „auf der Linie“ gespeicherte Information an einem festen Standort umzusetzen.

Immer wenn ein Auditorium anwesend ist, staunt es, wie anders ein Klavierstück klingt, nachdem der Pianist die Passage ergangen hat, oder wie sich der Celloton entfaltet, nachdem das Cellostück durch diese Übung integriert wurde. Auch hierzu eine interessante Begebenheit:

An der Kölner Musikhochschule gab ich einen kleinen Workshop für „Meisterschüler“, die alle schon etliche Preise gewonnen hatten und in der Tat überdurchschnittliche Leistungen vorwiesen. Eine Rumänin meldete sich, um die Dreidimensionalitätsbalance auszuprobieren. Sie spielte zunächst am Klavier ein Werk von Ligeti so, wie sie es gewohnt war. Das Werk war atemberaubend schnell und rhythmisch höchst kompliziert. Aber keiner im Saal *verstand*, was die Pianistin spielte. Es blieb kein Eindruck zurück außer dem, daß sie technisch brillant spielte. Das Werk sagte uns nichts, und darunter litt die Pianistin, denn das geschah im Konzert immer wieder: Sie spielte rasant, und nachher fragte man sich: „War was?“

Nun begann sie die Linie zu überkreuzen, während sie eine erste Passage recht gut mit der Stimme imitierte, und flog sofort aus der Bahn. Sie probierte wieder, und wieder schlichen sich Fehler ein. Sie hielt verdutzt inne und sagte: „Mensch, ich habe das Stück doch drauf! Wieso klappt das nicht mehr?“

Es fehlte der Puls! Sie hatte das Werk nur als Summe rhythmischer Teile gelernt und nicht als einen lebendig pulsierenden

Organismus. Aber sie hatte Ehrgeiz und wollte „die Nuß knakken". Sie verlangsamte den Puls und spürte den Haken auf, an dem die ganze Phrase aus dem Ruder geriet. Sie ging immer tiefer und elastischer in die Knie beim Überkreuzen. Nach dreimaliger Wiederholung gelang die Stelle auch im schnellen Tempo. Dann ging sie zum Klavier. Ich werde diesen Augenblick niemals vergessen, denn mit einem Mal verstand jeder im Saal das Ligeti-Stück. Nicht allein, daß sich die Pianistin vollendet harmonisch am Flügel bewegte – sie saß vorher wie ein Holzklotz davor –, nein, das gesamte Werk atmete, man verstand selbst im Presto die Phrasen und Akzente, und die Spielerin brach in Freudentränen aus. Ich hörte später, sie habe Ligeti persönlich das Werk vorgespielt, und er habe sie umarmt ob der phantastischen Interpretation.

Sie sehen, es geht nicht nur um fehlerfreies Spielen, das ein begabter Berufsmusiker zweifellos beherrscht; es geht um die Musik als lebenden Organismus, der durch uns beatmet wird. Lernen wir dreidimensional, so werden alle musikalischen Elemente *gleichzeitig* geschult. Die Integration des rechten Gehirns erzeugt das natürliche Gefühl für Proportionen. Dazu brauchen wir keine Lektionen in Interpretation. Jeder muß seine eigenen Proportionen finden, weil wir nicht mit einem Gehirn von Mozart, Ligeti oder Pärt „spielen", sondern mit unserem eigenen gesegnet sind. Das kreative, ganzheitlich wahrnehmende rechte Gehirn unterstützt auch das Rhythmusempfinden. Das wird in der beschriebenen Übung deutlich, denn wir üben nicht erst den Rhythmus, dann die Melodie und hoffen später auf eine geniale Interpretation, sondern das Werk wird *stante pede* „Ihr" Werk, weil es sich in Ihren Zellen, in Ihrem Bewußtsein manifestiert.

Vielleicht erahnen Sie jetzt, was ich damit meine, wenn ich in der Einleitung kritisiere, daß begabte Kinder erst einmal technisch getrimmt werden und daß man hofft, ihre Musikalität und ihre individuelle Ausstrahlung kämen dann schon mit der Zeit. Sie kommen eben nicht, wenn sie nicht von Anbeginn integriert werden. Lassen Sie es mich überspitzt ausdrücken: Wir hören viele perfekte „Automaten" auf der Bühne, die nichts zu sagen haben außer: „Ich kann das spielen."

Bei derselben Gelegenheit des Workshops in Köln fragte ich einen jungen Cellisten, der gerade wieder einen ersten Preis gewonnen hatte, warum er eigentlich auf die Bühne gehe. Er sagte wörtlich: „Ich will mir beweisen, daß ich den Streß bewältige."

Was hat das mit Kunst, mit Musik zu tun? Als der Cellist die junge Rumänin erlebt und das Ergebnis von sieben Minuten Arbeit erlebt hatte, meldete er sich sofort und sagte: „Das muß ich ausprobieren. Wenn das klappt, ist das eine Revolution in meiner Karriere."

Nun, er hatte seine Mühe mit der Übung und wurde sehr nachdenklich, daß es ihm nicht auf Anhieb gelang, den Puls beizubehalten, während er eine Passage des Cellokonzerts von Brahms mit der Stimme markierte. Er war so auf Leistung getrimmt, daß er immer schneller wurde – ein Phänomen, das oft erst bei der Überkreuzbalance auftaucht und zeigt, wo der Streß gespeichert ist. Ich sagte schon, Musik ist ein lebendiger Organismus, der genauso Streß speichern kann wie unser Körper. Der junge Cellist erlebte dennoch, wie anders es sich an seinem Cello anhörte, nachdem er, wie er sagte, „die Stelle gepackt" hatte. Die Zuhörer hatten den Eindruck, daß mehr Gefühl herüberkam – was sich der junge Mensch bisher versagt hatte. Ich wünschte ihm von Herzen, er möge noch andere Gründe finden, um auf die Bühne zu gehen, weil ich langweilig fände, Zirkusnummern à la Brahms zu hören. Vor allen Dingen sei seine „Nummer" austauschbar gegen diejenige anderer hochqualifizierter Cellisten. Das machte ihn nachdenklich. Ich wollte diesen jungen Mann nicht brüskieren, noch seine Leistung schmälern. Aber offenbar hatte noch keiner seiner ehrgeizigen Lehrer in ihm eine andere Saite der Musik zum Schwingen gebracht – er war ein „Musiksportler" geworden, und das war ihm erst bei dieser simplen Übung zu Bewußtsein gekommen.

Nachdem Sie selbst die befruchtende Erfahrung dieser Übung gemacht haben, lassen Sie Ihre Schüler oder Studenten ein Stück „auf der Linie", ganzheitlich lernen. Es baut sich von Anfang an gar keine Angst mehr auf, etwas nicht zu meistern; es verschwindet die Vorstellung, es gäbe schwierige Stellen, und es verliert sich der Automatismus zugunsten eines lebendigen Musizierens. Kinder sind begeistert, aber auch Teenager, weil sie den Unterschied hören und weniger Zeit auf langweiliges Wiederholen (ohne Integration) vergeuden.

Auch Sie selbst werden im Unterricht weniger gestreßt sein. Sie sollten die Übung grundsätzlich als Hausaufgabe vermitteln, so daß die Schüler zu Hause wissen, wie sie üben sollen. In der Unterrichtsstunde können Sie die Übung dann gezielt einsetzen, um bestimmte Passagen oder Stellen zu klären, falls das nötig ist. Aber in jedem Falle ist es ratsam, Sie lassen Ihre Schüler vor einem Vorspiel einmal das gesamte Werk auf der Linie gehen. Das dient Ihrer Schulung des Auges (und Ohres) in Hinsicht darauf, wie Körper (und Klang) reagieren, wie sich Leichtigkeit und Schwierigkeit äußern, und es dient dem Abbau des Lampenfiebers. Sie haben damit auch ein Verfahren kennengelernt, auf natürliche Weise den Adrenalinspiegel zu regulieren, und brauchen keine Betablocker und erst recht keine Psychopharmaka.

Kapitel 5

Musik ganzheitlich erleben

Zur Abrundung dieses Buches möchte ich eine kreative Möglichkeit anbieten, Musik körperlich, intellektuell und spielerisch zu erleben. Sie können diese Übung jedem Alter des Schülers und jedem Grad der Instrumentenbeherrschung anpassen. Die meisten der vorigen Übungen sind für den Einzelunterricht an Jugendmusikschulen oder an der Musikhochschule gedacht. Die im folgenden beschriebene Idee des ganzheitlichen Musikerlebens können Sie auch in einer Schulklasse oder Musik-AG verwirklichen.

Bevor ich das ungewöhnliche Arrangement darlege, möchte ich Ihnen schildern, wie ich dazu inspiriert wurde. Es geschah durch ein Erlebnis im Jahre 1979 in Indien, als ich, wie schon erwähnt, verschiedene Ausbildungsstätten für professionelle Musiker kennenlernte. Ich befand mich in einem Rundbau mit vielen Türöffnungen und vielen Fenstern ohne Glasscheiben. Aus den benachbarten Räumen drang verschiedenartige Musik, und in jedem Raum wurde konzentriert unterrichtet, ganz so, als gäbe es keinen blasenden, streichenden oder singenden Nachbarn. Ein kleiner Junge bekam gerade Unterricht auf einem Lauteninstrument. Er spielte unglaublich virtuos, und ich begriff nicht, was der Lehrer dauernd an seinem Spiel auszusetzen hatte. Er fragte immer wieder: „Ja, wo ist denn nun dein Raga?!“ (Raga = Melodietyp und Musikwerk der klassischen indischen Musik) Der Junge sagte lachend: „Meister, ich spiele ihn doch, du kannst es hören.“ Darauf sein Lehrer todernst: „Ja, ich höre schöne, schnelle Töne, von flinken Fingern gespielt, mehr nicht. Wo ist dein Raga?“

Da stutzte der Junge und schaute seinen Lehrer verständnislos an. Natürlich wußte er, daß sein Lehrer keine unnötige Frage stellte und daß er etwas Wesentliches übersehen hatte. Schließlich sagte er: „Meister, ich weiß es nicht!“ Darauf erwiderte der Lehrer: „Du hast Töne gespielt, aber nicht das Werk begrüßt.“ Da lachte der kleine Musiker, legte seine Laute neben sich, stand auf und trat würdevoll vor mich hin. Er verneigte sich und sagte: „Du bist jetzt mein Raga; ich begrüße dich und will dich kennenlernen.“ Völlig verdutzt, so plötzlich in den Unterricht integriert zu werden, raffte ich alle meine Hindikenntnisse (Hindi = nordindische Amtssprache) zusammen und sagte: „Namaste, ich begrüße dich, du großer Musiker. Ich klinge gut auf deinem Sarod (Laute), auch wenn ich schon etwas alt bin und hier und da ein paar komische Töne habe.“ Ich spielte auf das Alter des Ragas an (16. Jh.) und auf die typischen Tonalterationen in der zugrundeliegenden Tonleiter. Der Junge bekam einen Lachanfall, der Lehrer schmunzelte, und ehe ich mich versah, hatte ich etwas von dem erlebt, was ich intellektuell bereits wußte: Ein Musikwerk ist eine Persönlichkeit, die lebendig wird durch den Schöpfer und durch den Interpreten.

Dieses Schlüsselerlebnis beflügelte mich in meiner eigenen Laufbahn als Musikerin, ein Musikwerk nicht nur analytisch und technisch zu sehen, sondern mir im Konzert immer vorzustellen, ich würde einen Dialog mit ihm führen. Manchmal hatte ich sogar das Gefühl, als würde der „Geist“ des Komponisten und seines Werkes sich gnädig meiner erbarmen und mir über manche Hürde helfen, wenn Schwierigkeiten auftauchten.

Später habe ich aus meinen Erfahrungen eine Übung entwikkelt, die ich mit Musikstudenten, aber auch mit Kindern durchführte. Wir wollen zunächst die Fassung für Kinder betrachten:

Übung 28: Ganzheitliches Musikerleben für Kinder

Sie wählen ein Musikwerk, das jeder in der Gruppe kennt und das ein Schüler spielen kann, zum Beispiel das Klavierstück „Für Elise" von Ludwig van Beethoven oder die „Träumerei" von Robert Schumann oder ein Gitarrenstück, arrangiert nach John Dowland. Nun verteilen Sie unter den Schülern die folgenden Rollen:

- Der Komponist
- Das Werk
- Der Spieler
- Die Zuschauer

Die ersten drei Personen stellen sich in einer Dreiecksform auf; der Spieler bzw. Interpret sollte sowohl den Komponisten als auch das Werk ansprechen, und die drei sollten miteinander kommunizieren können.

Es ist Ihnen als Musikpädagoge überlassen, wie Sie die kleine Szene strukturieren und ausbauen wollen. Wenn es in Ihrer Schule eine Theater-AG gibt, können Sie zum Beispiel beim Komponisten durch Kleidung oder kleine Attribute (Wuschelkopf und finstere Miene von Beethoven oder Pluderhosen und Brokatweste bei Dowland usw.) hervorheben, in welcher Zeit und in welchem Land der Komponist lebte.

Auch das Werk sollte durch einen Schüler kreativ dargestellt werden, zum Beispiel: Ein Mädchen spielt die Rolle der „Elise" oder wird als Fee gekleidet (für die „Träumerei" von Schumann), oder ein Junge nimmt die Pose eines Harlekin ein und ist entsprechend farbig gekleidet, wenn zum Beispiel ein Capriccio dargestellt werden soll. Der Phantasie sind keine Grenzen gesetzt!

Der Interpret sollte nicht in Konzertkleidung, sondern in seiner Alltagskleidung auftreten, damit die zeitliche Distanz zum Schöpfer und seinem Werk recht plastisch wird.

Wenn klar ist, wer welche Rolle spielt, stellen Sie die Aufgabe, daß sich der „Komponist" über die wichtigsten Stationen „seines" Lebens selbst informiert. Es ist besser, Sie machen keine Vorgaben und geben nur die Quellen an, wo man etwas über den Komponisten nachlesen kann (Schulbibliothek!), denn erfahrungsgemäß wählen Jugendliche ganz andere Ereignisse im Leben eines Komponisten aus als wir, die wir Musikgeschichte studiert haben. Wichtig ist, daß der „Komponist" Bescheid weiß, wann und unter welchen Bedingungen er das Werk geschrieben hat, um das es in dem szenischen Spiel geht.

Das „Werk" bekommt ebenfalls die Aufgabe, sich mit seiner Zeit zu befassen, in der es entstand. Diese Informationen gehen über die musikgeschichtlichen Daten hinaus. Es sollte ein wenig Zeitkolorit eingebracht werden, das heißt, Ereignisse oder Lebensgewohnheiten der jeweiligen Epoche oder des Zeitraumes, in dem das Musikwerk entstand. Hierzu ein kleines Beispiel: In einer Schülergruppe spielte eine Schülerin die Rolle einer Tanzsuite aus dem 15. Jahrhundert und hatte gelesen, daß in Europa die Pest gewütet hatte. Sie war pechschwarz gekleidet und geschminkt und wies in ihrem Dialog mit dem Interpreten darauf hin, daß sie sich nicht besonders fröhlich fühle in dem langsamen Satz, weil alle Verwandten ihres Schöpfers von der Pest dahingerafft worden seien.

Der Interpret macht sich ebenfalls kundig über das Leben des Komponisten und über die Entstehung des Werks.

Sie können ein kleines Drehbuch verfassen oder die Kinder spontan die Dialoge erfinden lassen. Das Spiel zielt auf folgendes ab:

Der Interpret spielt sein Stück. Danach haben der „Komponist" und das „Werk" die Möglichkeit, Stellung zu nehmen. Fühlt sich das „Werk" richtig nachempfunden, stimmen Spieltempo, Ritardando, Triller, Agogik usw.? Der Interpret kann das „Werk" befragen und erfährt dabei etwas über seine Entstehungsgeschichte, aber auch etwas über die Gefühle und Gedanken, die in ihm wohnen. Wann immer eine neue Idee aufkommt, sollte der Interpret wieder spielen. Auch der „Komponist“ kommt zu Wort und kann sagen, ob er sich verstanden fühlt, was im Spielen optimiert werden könnte, was er toleriert und was nicht. Er erzählt auch etwas aus seinem Leben: in welcher Situation er das Stück geschrieben hat. Auch nach diesen Anregungen spielt der Interpret das Musikstück erneut.

Die Zuschauer haben – abgesehen von dem Spaß am Spiel – die Aufgabe zu beobachten, was sich an der Interpretation verändert. Für den jungen Interpreten ist dieses szenische Spiel eine Möglichkeit, mit dem inneren Wesen, mit der lebendigen Persönlichkeit, die in einem Werk ruht, in Kontakt zu kommen. Der Sinn des Spiels ist, daß die Schüler erleben, daß musikgeschichtliches Wissen kein Ballast sein muß, sondern helfen kann, die „Werkpersönlichkeit“ besser zu verstehen. Indem das Werk personifiziert wird, sind auch die musikalischen Formen nicht mehr nur Fakten der Werkanalyse, sondern die Suite, Sonate, das Capriccio, die Fantasie oder Fuge werden zu lebendigen Organismen. Wenn es auch niemals möglich ist zu erfahren, was einen nicht mehr lebenden Komponisten zu einer Komposition bewegte und wie er sie gespielt haben möchte, so regt das szenische Spiel doch die Jugendlichen an, darüber zu reflektieren und zu phantasieren. Begriffe wie Werktreue, Authentizität, historische Aufführungspraxis, Stilreinheit verlieren etwas von ihrer Strenge und ihrem Dogma. Kinder und Jugendliche haben in dieser kleinen Szene oft einen guten Geschmack bewiesen, indem sich Komponist, Werk und Interpret sehr schnell einig waren, wie die Musik am besten klinge.

Übung 29: Ganzheitliches Musikerleben für Erwachsene

Wenn dieses Spiel mit Musikstudenten, Meisterschülern oder Berufsmusikern entwickelt wird, können die Theaterelemente entfallen, aber Sinn und Ziel bleiben gleich. Ich habe es immer dann angewendet, wenn ein Interpret zwar einen hohen Grad der Virtuosität erreicht hatte, sein Spiel aber nichtssagend, energieschwach, mechanisch, ausdrucksarm und phantasielos zu werden drohte. Das geschieht immer dann, wenn der Musiker von sich selbst und von seiner Musik abgekoppelt ist. Die szenische Darstellung gewinnt einen besonderen Tiefgang, wenn alle Beteiligten das gleiche Instrument spielen und das Werk selbst auch beherrschen (Geigen-, Klavier-, Gesangs-, Oboenklasse usw.). Sie kennen die Schwierigkeiten des Werkes und die musikhistorischen Fakten. Die Personifizierung der Komposition und des Komponisten führt weg von den Debatten, welche Interpretation richtig oder falsch oder besser ist. Indem der Interpret mit dem „Werk" in Dialog tritt, nimmt er auch wieder den Dialog mit sich selbst auf und macht sich bewußt, *was* er *wie* spielt. Die Informationen des „Komponisten" dienen ihm dazu, ein Gefühl für die Zeit zu entwickeln, in der das Werk entstand, aber auch für die Lebenssituation des Komponisten.

Ich erinnere mich an eine solche szenische Übung mit einer Klaviersonate von Wolfgang Amadeus Mozart. Der Interpret verhaspelte sich ein paarmal an einer Stelle mit schnellen Sechzehnteln, hörte auf zu spielen und schimpfte in Richtung „Mozart": „Diese verdammte Stelle hättest du wirklich besser in die linke Hand legen können, bei deiner Genialität!"

„Mozart" stand von seinem Stuhl auf, mit schmerzverzerrtem Gesicht, hielt mit den Händen den schmerzenden Rücken und sagte: „Schon wieder 14 Stunden Kutschfahrt, mir tut jeder Knochen weh, der Schädel brummt, ich bin fertig mit der Welt!" Mehr sagte er nicht. Der Interpret schaute betroffen auf „Mozart" und spielte gleich mehrere Male fehlerfrei seine Sonate. Später erklärte er: „Als ich das mit den Schmerzen hörte, war mir plötzlich der Mensch Mozart so nahe. Ich rege mich über einen komischen Fingersatz auf, und der sitzt tagelang in Kutschen und ist inspiriert! Da hat sich für mich einiges relativiert."

Es spielt keine Rolle, wodurch das Spiel des Interpreten wieder lebendig und beseelt wird. Oft sind es spontane Bemerkungen des „Werks" oder des „Komponisten", die die Blockade aufheben und Musik und Musiker wieder einander näherbringen. Bei Berufsmusikern konnte ich beobachten, daß die szenische Übung wie ein Energiestoß auf die Routine des Übens, des Konzertierens und der Stückauswahl wirkt.

Schlußwort

Vielleicht haben Sie alle Übungen einmal ausprobiert oder einige mehrmals, oder vielleicht haben Sie nur eine Übung favorisiert und haben erlebt, was sich bei Ihnen und bei Ihren Schülern dadurch ändert. Meine Intention war, Ihnen als Musikpädagogen Ihren wertvollen Beruf wieder „schmackhaft" zu machen, trotz aller Schwierigkeiten, und Sie zu motivieren, eigene Ideen zu entwikkeln. Die Übungen in diesem Buch sind nur Impulse für Ihre Kreativität. Und wenn diese Impulse bei Ihnen angekommen sind, ist das meine größte Freude.

Anhang

Kurzübersicht der Übungen

1. Der Alltagskreis (S. 16)

Man trägt alle wichtigen Tätigkeiten des Alltags als Segmente in einen Kreis ein. Dann folgen die weiteren Schritte:

- Ruhenlassen: Den ausgefüllten Kreis beiseite legen und zum Beispiel spazieren gehen.
- Phantasiephase: Einen weiteren Kreis ausfüllen mit idealen Wertigkeiten und phantasievollen Ideen, wie der Alltag ohne Pflichten aussehen könnte.
- Integrationsphase: Einen dritten Kreis ausfüllen mit idealen *und* realen Wertigkeiten, also mit der Vorstellung, wie eine Balance zwischen Pflichten und Träumereien aussehen könnte.

2. Vom Müssen zum Dürfen (S. 21)

Man beobachtet, wie oft man sagt „Ich muß, ich soll" und wie oft man nur das sieht, was man *nicht* hat und kann. Hier geht es um Wandel zum positiven Umdenken und zum Wertschätzen seiner selbst.

- Beobachten, wie oft man sagt: „Ich muß ..., man sollte ..., du sollst ..."
- Beobachten, wie oft man sich selbst in Frage stellt und negativ formuliert: „Ich kann das nicht ... Ich mache alles falsch ... Das habe ich nicht ... Ich war nicht so gut ..."

- Sich positiv wahrnehmen: „Das habe ich heute geschafft ... Hier war ich geduldiger als sonst ... Hier war ich aufmerksamer ... Heute habe ich das Sahnetörtchen genossen ...“

3. Der Denkkreis (S. 25)
Alle wichtigen Denkinhalte, die einen bewegen, trägt man als Segmente in einen Kreis ein. Es folgen die Schritte:

- Den Denkreis ruhen lassen.
- Die Hände auf den Kreis legen und spüren, was energetisch von den Botschaften bzw. Informationen der Segmente ausgeht.
- Phase der Annahme eines Segments und seines Inhalts. Augen schließen, sich eine Lichtdusche vorstellen, die den gesamten Körper durchfließt.
- Loslassen eines Segmentinhalts: Augen schließen, durch viele kleine Türchen der Haut die Information/Botschaft/das Gefühl entlassen. Beim Ausatmen bewußt denken: „Ich lasse dieses Gefühl los.“

4. Auf Farbfeldern spielen (S. 35)
Man spielt ein Musikstück oder einen Teil daraus, während man auf Farbfeldern (zum Beispiel auf einfarbigen Papierservietten) sitzt oder steht.

5. Das Notenblatt farbig gestalten (S. 36)
Man bemalt ein Notenblatt mit Farben, die die eigenen Empfindungen zu der jeweiligen Musik zum Ausdruck bringen.

6. „Schwere Stellen" mit Hilfe von Farben meistern (S. 37)
Temposchwankungen und technische Schwierigkeiten gleicht man aus, indem man das Musikstück spielt (oder singt), während man auf farbigen Unterlagen sitzt oder steht.

7. Ein Musikstück malen (S. 38)
Man setzt seine eigenen inneren Bilder, die man bei einem Musikwerk erlebt, bildhaft in Farben um.

8. Technische Übungen farbig gestalten (S. 42)
Kopierte Notenblätter von Tonleitern, Dreiklängen, Arpeggien oder Etüden kann man nach eigener Wahl farbig gestalten und dann daraus spielen.

9. Höreindrücke von Musik in Bilder umsetzen (S. 57)
Musikstücke aus verschiedenen Kulturen, Epochen und Stilrichtungen werden als Höreindruck angeboten. Die Zuhörer (Musiker oder Nichtmusiker) setzen ihre Höreindrücke in Bilder um.

10. Eine Bilderausstellung der „neuen Art" (S. 58)
Gemeinschaftsarbeit zum Beispiel zwischen einer Musik-AG und einer Kunst-AG in der Schule: Musizierende Schüler setzen bildnerische Kreationen der Kunstschüler in Klang um, durch freie Improvisation oder eigene Kompositionen. Kunstschüler malen spontan Kammermusik, die von den Musikschülern aufgeführt wird.

11. Tonleitern mit fünf Sinnen erfassen (S. 64)
Die Noten einer Tonleiterübung werden nach eigenem Belieben farbig gestaltet. Dann werden die fünf Sinne aktiviert: Wie riecht, schmeckt diese Tonleiterübung, welche bildhaften und akustischen Assoziationen löst sie aus?

12. Jeder Tonart ihre Farbe zuordnen (S. 65)
Man gestaltet die Noten eines Musikstücks farbig, indem man der grundlegenden Tonart und den Modulationen in andere Tonarten jeweils andere Farben zuordnet.

13. Überkreuz- und Lateralgehen auf der Stelle (S. 71)
Rechter Arm und linkes Knie, linker Arm und rechtes Knie berühren einander abwechselnd; gleichzeitig schaut man mit den Augen nach links oben, hält den Kopf gerade und summt.

Beim Lateralgehen hebt man rechtes Bein und rechten Arm, dann linkes Bein und linken Arm; gleichzeitig schauen die Augen (Kopf gerade!) nach unten rechts, und man zählt von 1 bis 6 oder 8.

Die Übung beginnt und endet immer mit dem Überkreuzgehen.

14. Thymusklopfen (S. 73)
Anregen des Immunsystems und des Energieausgleichs durch sanftes Klopfen am oberen Ende des Brustbeins.

15. Kreis und liegende Acht als Augenbewegung (S. 74)
Man hält den Kopf gerade und ruhig. Etwa 40 cm vom Gesicht entfernt beschreibt man mit dem Zeigefinger große Kreise, im Uhrzeigersinn und gegen den Uhrzeigersinn, und folgt der Kreisbewegung mit den Augen.

Dann beschreibt man in der Luft eine große liegende Acht, mit dem Schnittpunkt etwa in Nasenhöhe. Man beginnt immer mit einer Aufwärtsbewegung nach links oder rechts. Die Augen folgen wieder.

16. Die Ohren „einschalten" (S. 75)
Man nimmt den linken Ohrmuschelrand zwischen die Fingerspitzen der linken und den rechten zwischen die Fingerspitzen der

rechten Hand und massiert kräftig von unten nach oben und wieder zurück.

17. Simultanes Figurenmalen (S. 76)
Man hält in jeder Hand einen Stift und zeichnet auf ein großes Blatt Papier spiegelbildliche Formen, indem man beide Hände simultan bewegt.

18. Rhythmische Körperbewegung im Jambus (S. 76)
Während man im jambischen Rhythmus geht, spricht man den Satz „Es tanzt ein Bi-Ba-Butzemann in unserm Kreis herum". Mit den Händen greift man dabei so in die Taille, daß die Ellenbogen seitlich abstehen.

19. Rhythmische Körperbewegung im Trochäus (S. 77)
Während man im trochäischen Rhythmus geht, spricht man den Satz: „Dieser Fall scheint klar zu liegen." Mit den Händen greift man dabei so in die Taille, daß die Ellenbogen seitlich abstehen.

20. Rhythmische Körperbewegung im Anapäst (S. 77)
Während man sich im Anapäst gehend fortbewegt, spricht man den Satz: „Bleib mal stehn, mach mal Platz!" Mit den Händen greift man dabei so in die Taille, daß die Ellenbogen seitlich abstehen.

21. Rhythmische Körperbewegung im Daktylus (S. 78)
Während man sich im Daktylus gehend fortbewegt, spricht man den Satz: „Immer nur lächeln und immer vergnügt bleiben." Mit den Händen greift man dabei so in die Taille, daß die Ellenbogen seitlich abstehen.

22. Rhythmische Körperbewegung im Amphibrachis (S. 78)
Während man sich im Amphibrachis gehend fortbewegt, spricht man den Satz: „Auf der Weide grasen Kühe." Mit den Händen greift man dabei so in die Taille, daß die Ellenbogen seitlich abstehen.

23. Inneres Hören und Auswendiglernen mit der liegenden Acht (S. 79)
Ein Stück, das auswendig gespielt werden soll, wird abschnittsweise gespielt, dann beiseite gelegt. Man beschreibt in der Luft eine liegende Acht und folgt den Bewegungen mit den Augen, ohne den Kopf zu wenden. Gleichzeitig rekapituliert man mit dem inneren Hören die soeben gespielte Passage und trainiert auf diese Weise sein Gedächtnis.

24. Dreidimensionalität in der Körperbewegung (S. 80)
Man stellt sich an das eine Ende eines 2-3 m langen Fadens, zum Beispiel auf dessen rechte Seite, und überschreitet den Faden, indem man mit dem rechten Bein anfängt, nach links hinüberschreitet, dabei elastisch in die Knie geht und den rechten Arm ganz natürlich mit nach links schwingen läßt. Dann schreitet man mit dem linken Fuß nach rechts hinüber und nimmt den linken Arm ganz natürlich mit. Dann folgen wieder rechter Fuß und rechter Arm nach links, linker Fuß und Arm nach rechts usw.

25. Den Puls der Musik finden (S. 81)
Nur mit transportablen Instrumenten möglich: Während man sich wie in Übung 24 fortbewegt, spielt man ein Musikstück und versucht, den zugrundeliegenden Pulsschlag durch die Schreitbewegung auszudrücken.

26. Ein Musikstück lernen – für transportable Instrumente (S. 84)
Tauchen bei der Interpretation eines Musikstücks technische Schwierigkeiten oder Memorierungsprobleme auf, kann man Übung 25 entsprechend abwandeln:

Man spielt von dem neuen Werk zunächst einen ersten Teil, den man gut memorieren kann. Diese Passage wiederholt man, während man die Linie überschreitet, wie oben beschrieben. Dann spielt man die nächste Passage, in der gleichen Weise wie die erste. Wenn sie „sitzt", spielt man von Anfang an bis zu dieser Passage. Taucht eine Schwierigkeit auf, dann achtet man darauf, daß man wirklich elastisch in die Knie geht. So „er-geht" man alle schwierigen Stellen.

27. Ein Musikstück lernen – für nichttransportable Instrumente (S. 86)
Den Puls finden, technische Probleme bewältigen – das geschieht hier, indem man die Übungen 25 und 26 ausführt, dabei aber sein Musikstück nur mit der Stimme laut markiert (singt). Dann geht man zu seinem Instrument und setzt die körperliche Erfahrung, die man im Raum gemacht hat, an seinem Sitzplatz um.

28. Ganzheitliches Musikerleben für Kinder (S. 93)
Im Rollenspiel stellen die Schüler ein Musikstück, dessen Komponisten und den Interpreten szenisch dar, um den Zugang zu dem, was sie spielen sollen, zu erweitern und zu vertiefen.

29. Ganzheitliches Musikerleben für Erwachsene (S. 96)
Im gemeinsamen Rollenspiel mit Musikerkollegen bringt man Werk, Komponist und Interpret(en) in einen Dialog, damit man das Werk als lebendige Persönlichkeit erlebt und im Musizieren wieder Zugang zu sich und seiner Erlebniswelt findet.

Literaturverzeichnis

Buchner, Christina: *Brain-Gym® & Co. – kinderleicht ans Kind gebracht,* Kirchzarten bei Freiburg: VAK, 1997

Dennison, Gail E./Dennison, Paul E./Teplitz, Jerry V.: *Brain-Gym® fürs Büro,* Kirchzarten bei Freiburg: VAK, 1997

Dinshah, Darius: *Es werde Licht,* Malaga/NJ: Dinshah Health Society, 2. Auflage 1989 (erhältlich bei Alexander Wunsch, Tel. [Dtld.]: 06221-163457)

Gimbel, Theo: *Healing Through Colour,* Saffron Walden: The C.W. Daniel Company, 4. Auflage 1988

Gimbel, Theo: *Form, Sound, Colour and Healing,* Saffron Walden: The C.W. Daniel Company, 1997

Goldschmidt, Annemarie: *Alles klar mit Kinesiologie. Hellwach und voller Energie durch den Alltag,* Kirchzarten bei Freiburg: VAK, 1997

Hackl, Monica: *Farben - Chromotherapie nach Dinshah,* Stuttgart: Sonntag-Verlag, 1998

Hannaford, Carla: *Bewegung – das Tor zum Lernen,* Kirchzarten bei Freiburg: VAK, 2. Aufl. 1997

Krebs, Charles T., und Brown, Jenny: *Lernsprünge. Eine bahnbrechende Methode zur Integration des Gehirns,* Kirchzarten bei Freiburg: VAK, 1998

Markova, Dawna: *Die Entdeckung des Möglichen. Wie unterschiedlich wir denken, lernen und kommunizieren,* Kirchzarten bei Freiburg: VAK, 1993

Markova, Dawna: *Wie Kinder lernen. Eine Entdeckungsreise für Eltern und Lehrer,* Kirchzarten bei Freiburg: VAK, 2. Aufl. 1997

Schilling, Inge und Gerd: *Symbolsprache Farbe,* München: Knaur, 1996

Sonnenschmidt, Rosina, und Knauss, Harald: *Musik-Kinesiologie. Kreativität ohne Streß im Musikerberuf,* Freiburg: VAK, 2. Aufl. 1996 (zitiert als: Sonnenschmidt/Knauss, 1996 a)

Sonnenschmidt, Rosina, und Knauss, Harald: *Die Sinne verfeinern. Vom verantwortlichen Umgang mit erweiterten Wahrnehmungen,* Freiburg: VAK, 1996 (zitiert als: Sonnenschmidt/Knauss, 1996 b)

Sunbeck, Deborah: *Was die 8 möglich macht. Laufend neue Aufgaben lösen,* Freiburg: VAK, 1998

la Tourelle, Maggie, und Courtenay, Anthea: *Was ist Angewandte Kinesiologie?,* Freiburg: VAK, 4. Aufl. 1996

Über die Autorin

Dr. Rosina Sonnenschmidt ist Musikerin und gibt kinesiologische Seminare und Beratungen. Nach der Frühentdeckung ihres Koloratur-Gesangstalents und Auszeichnungen in vier Wettbewerben absolvierte sie ein Gesangsstudium sowie weiterführende Ausbildungen und Meisterkurse. Außerdem Studium der Musikethnologie und Indologie; zwei Forschungsreisen nach Indien. Gründung und Leitung eines Barockensembles, Konzerttätigkeit, zahlreiche Rundfunk- und Fernsehaufnahmen und CDs. Seit 1990 kinesiologische Ausbildung beim IAK Freiburg und Konzipierung der Musik-Kinesiologie, gemeinsam mit Harald Knauss. Seit 1995 Leitung von Ausbildungskursen in Musik-Kinesiologie.

Rosina Sonnenschmidt, Harald Knauss:

Musik-Kinesiologie

Kreativität ohne Streß im Musikerberuf

Musik ist Ausdruck der Lebensenergie, beim Musiker wie beim Zuhörer. Neben der künstlerischen verdient deshalb auch die energetische Qualität der Musik große Aufmerksamkeit. Als erfahrene Berufsmusiker kennen die Autoren die Energieblockaden, die Musikern das Leben schwer machen:

- Lampenfieber, Angst vor dem Publikum, vor der Kritik
- Muskelverspannungen, ungünstige Bewegungsmuster
- Perfektionismus, Konkurrenzdenken, Vermarktungszwang
- Blockaden der Kreativität und Inspiration
- Vorherrschen des analytischen und Fehlen des spirituellen Zugangs zur Musik.

2. Auflage 1996, 308 Seiten, 60 Abb., Paperback, 13 x 20,5 cm, 39,80 DM/37,– sFr/291,– öS, ISBN 3-924077-52-5

Rosina Sonnenschmidt, Harald Knauss:

Die Sinne verfeinern

Vom verantwortlichen Umgang mit erweiterten Wahrnehmungen

Die Sinne verfeinern, die Wahrnehmung erweitern – dieser Weg erschließt Wahrnehmungsmöglichkeiten über die physischen Sinne hinaus: Intuition, Inspiration, Kreativität, Sensitivität. Das Buch gibt Einblick in östliche und westliche Weisheitslehren, die sich auf dem Hintergrund eines ganzheitlichen Menschenbildes mit der Entfaltung der Sensitivität, mit der Wahrnehmung feinstofflicher Energien beschäftigen. Entwickelte Sensitivität (im Sinne ausgeprägter Empfänglichkeit für feinstoffliche Schwingungen) entsteht mit der optimalen Integration von rechter und linker Gehirnhälfte, wie auch die Kinesiologie sie anstrebt.

1996, 278 Seiten, 30 Abbildungen, Paperback, 15 x 21,5 cm, 38,– DM/35,– sFr/277,– öS, ISBN 3-924077-91-6

Paul E. Dennison, Gail E. Dennison:

Brain-Gym® Lehrerhandbuch

Illustriert von Haralds Klavinius

Brain-Gym ist das Übungsprogramm der von Paul Dennison entwickelten Edu-Kinestetik, einer Methodik zur Steigerung der Lernfähigkeit: Mit einer Reihe einfacher und spielerischer Bewegungen und Berührungen werden Lernblockaden aufgelöst und beide Gehirnhälften zu integriertem Zusammenspiel aktiviert.

Das vorliegende Handbuch bietet eine leicht verständliche Arbeitshilfe für Lehrer, Erzieherinnen und Eltern, die Brain-Gym an Kinder vermitteln wollen. Es erläutert die Ideen des Lernens mit dem „ganzen" Gehirn und des Lernens durch Bewegung. Zu jeder Brain-Gym-Übung gibt es detaillierte Anleitungen sowie Tips zur Anpassung an die individuellen Bedürfnisse.

8. Auflage 1997, 54 Seiten, 115 Abbildungen, Spiralbindung, 21 x 29,2 cm, 34,– DM/31,50 sFr/248,– öS, ISBN 3-924077-70-3

Carla Hannaford:

Bewegung – das Tor zum Lernen

Die Entdeckung, daß Bewegung nicht nur das Lernen, sondern auch Kreativität, Gesundheit und Streßmanagement entscheidend verbessert, hat direkte Auswirkungen für die verschiedensten Kreise: für Geschäftsleute, die mit Streß fertig werden und dabei produktiv sein wollen; für alte Menschen, die ihr klares Denken, ihr Gedächtnis und ihre Vitalität behalten möchten; für Pädagogen, Lehrer und Eltern, die auf eine gesunde Entwicklung ihrer Kinder bedacht sind; und schließlich für die Kinder und Erwachsenen, denen leichtfertig „Lernstörungen" oder „Verhaltensstörungen" attestiert werden, als seien dies Krankheiten. Allen diesen Betroffenen zeigt das Buch einen Weg, Verantwortung für ihr Leben zu übernehmen und ihre Fähigkeiten zum Lernen und zu schöpferischer Tätigkeit gezielt auszubilden.

2. Aufl. 1997, 278 Seiten, 43 Abb., Paperb. (15 x 21,5 cm), 39,80 DM / 37,– sFr / 291,– öS, ISBN 3-924077-93-2

Manfred Clynes:

Auf den Spuren der Emotionen

Mit einem Geleitwort von Yehudi Menuhin

Gefühle gelten als etwas sehr Persönliches, rein Subjektives. M. Clynes zeigt aber, daß elementare Emotionen wie Freude, Zorn oder Liebe bei allen Menschen gleich sind – weil ihre biologische Grundlage allen gemeinsam ist: Die Kommunikation der Emotionen gründet in tiefliegenden Mustern, die sich im Laufe der Evolution herausgebildet haben. Sie sind heute im genetischen Code programmiert. Diese biologische Gemeinsamkeit ist die notwendige Basis für jede Kommunikation. Der Autor dokumentiert, wie er bei Menschen aller Altersstufen, Bildungsgrade und Rassen diese immer gleichen emotionalen Grundstrukturen fand: mit seinem „Sentographen", einem Instrument, das über Tastimpulse den Urausdruck jeder Emotion erforscht und in einer typischen Kurvenlinie grafisch darstellt.

1996, 349 Seiten, 70 Abbildungen, Paperback, 13 x 20,5 cm, 42,– DM/39,– sFr/307,– öS, ISBN 3-924077-30-4

*Das **IAK Institut für Angewandte Kinesiologie GmbH, Freiburg,** veranstaltet laufend Kurse in Touch For Health (Gesund durch Berühren), in Edu-Kinestetik, in Entwicklungskinesiologie und in vielen anderen Bereichen der Angewandten Kinesiologie. Dank enger persönlicher Kontakte zu den Pionieren der AK ist das Institut in der Lage, ständig die neuesten Entwicklungen auf diesem Gebiet zu präsentieren.*

Außerdem fördert das Institut die Verbreitung der Angewandten Kinesiologie im deutschsprachigen Raum durch Literaturempfehlungen und Adressenvermittlung.

Wer an der Arbeit des Instituts interessiert ist, kann kostenlose Unterlagen anfordern bei (bitte mit 3,– DM frankierten Rückumschlag beilegen):

IAK Institut für Angewandte Kinesiologie GmbH, Freiburg

Eschbachstraße 5, D-79199 Kirchzarten, Telefon 076 61-98 71 0, Telefax 076 61-98 71 49